历史面面观
ALL ABOUT HISTORY

EXPLORE THE RISE AND FALL OF A WARRIOR STATE

斯巴达史

揭秘战斗城邦的兴衰

[英] 查尔斯·金杰 — 编著
张建威 — 译

透视斯巴达与雅典的较量
探究斯巴达女人如何塑造了自己的城邦
文化·传说·征服

SPARTA

新世界出版社
NEW WORLD PRESS

审图号：GS（2022）1187 号

著作权合同登记号：京权图字01-2021-3465号

图书在版编目（CIP）数据

斯巴达史 /（英）查尔斯 · 金杰编著；张建威译
. -- 北京：新世界出版社，2022.5
（历史面面观）
ISBN 978-7-5104-7409-5

Ⅰ. ①斯… Ⅱ. ①查… ②张… Ⅲ. ①斯巴达 – 历史
Ⅳ. ① K125

中国版本图书馆 CIP 数据核字（2021）第 270656 号

斯巴达史

编　　著：[英] 查尔斯 · 金杰
译　　者：张建威
审　　校：崔学森
责任编辑：苏丽娅
装帧设计：左左工作室
责任校对：宣　慧
责任印制：王宝根　苏爱玲
出　　版：新世界出版社
网　　址：http://www.nwp.com.cn
社　　址：北京西城区百万庄大街 24 号（100037）
发 行 部：（010）6899 5968（电话）　（010）6899 0635（电话）
总 编 室：（010）6899 5424（电话）　（010）6832 6679（传真）
版 权 部：+8610 6899 6306（电话）　nwpcd@sina.com（电邮）
印　　刷：小森印刷（北京）有限公司
经　　销：新华书店
开　　本：787mm × 1092mm　1/16　尺寸：185mm × 260mm
字　　数：241 千字　印张：12
版　　次：2022 年 5 月第 1 版　2022 年 5 月第 1 次印刷
书　　号：ISBN 978-7-5104-7409-5
定　　价：78.00 元

欢迎阅读
“历史面面观”系列之
《斯巴达史》

炎炎烈日之下，你沿着一条石径艰难地跋涉着。石径两边是尘土飞扬的山峦。正在卖力干活的黑劳士纷纷好奇地直起腰，打量着你这位外乡人。前方，一座遍布低矮建筑的城邦离你越来越近。雄伟的神庙耸立在城邦背后陡峭的山峦之上。铺砌整齐的街道渐次映入眼帘。街道蜿蜒在房屋和店铺之间，在一棵古柏旁边绕了一个弯。接下来，你注意到了他们。闪闪发光的头盔后面是一双双疑窦丛生的眼睛，防守城邦的勇士们将长矛紧紧地握在手中，时刻准备着挺身出击。他们不知道你来自哪里，但你现在非常清楚自己置身何方：这，就是斯巴达。

CONTENTS
目 录

斯巴达的崛起
RISE OF SPARTA

宗教
RELIGION

文化
CULTURE

战时斯巴达
SPARTA AT WAR

衰落与遗产
DECLINE & LEGACY

斯巴达的崛起

RISE OF SPARTA

古希腊地图

古希腊虽系蕞尔小邦，却为人类贡献良多，
持续影响并启迪世界达两千余载

本书地图系原书插附地图

山峦连绵起伏、乡村之路崎岖，希腊有着田园诗般的岛屿和清澈湛蓝的大海，但在整个世界版图中看起来仍不足为奇，可它持续对我们所处的世界产生巨大影响。这里的尺山寸水所孕育的民主原则和哲学概念，推动了艺术和建筑的重大进步，促使重要的科学和数学发现问世。此处催生了奥运会等诸多赛事，其中许多项目时至今日仍活力盎然。这里还是一些人类历史上最伟大的思想家和最令人望而生畏的勇士的家园，更不用说万众膜拜的诸神之殿和令人目不暇接、独具韵味的神话传说。2000多年后的今天，这片光阴积淀的土地及其非同凡响的历史仍然光彩夺目、魅力四射，给予人们深深的启迪。

斯巴达的诞生

THE BIRTH OF SPARTA

全希腊最令人惧怕的战斗城邦的
崛起之路

今天，提起“斯巴达”这个词，人们就会想到猛士遍地的城邦，穷兵黩武、崇尚军事立邦的统治阶层。的确如此，斯巴达堪称古希腊最为著名的城邦，流传着许多勇猛无畏的故事，迄今仍为人们津津乐道。

然而，正如合抱之树生于毫末，斯巴达并没有显赫的出身。有证据表明，早在公元前1500年这里就有人类定居和活动，但是古代斯巴达的明确起源还是更接近公元前1000年左右。当时，位于希腊东南部拉科尼亚地区的利姆纳、皮塔纳、米索亚和锡诺索拉四个村庄共同形成了斯巴达城邦。第五个村庄阿米克莱后来也跻身其中，这个城邦名字的意思是“我播种”。鉴于其所处的地理位置，这个称呼还算是恰如其分。四周的欧罗塔斯谷地沃野连绵，为其日后发展壮大奠定了坚实的基础。

“正如合抱之树生于毫末，斯巴达并没有显赫的出身”

此后几个世纪的斯巴达历史，很难有绝对权威的定论。历史往往易于和神话水乳交融，在希腊尤其如此，这样就模糊了事实与虚构之间的界限，进而让人无法理解。开启变法、启动城邦政治和社会改革的立法者来库古（Lycurgus），将斯巴达变成了一个以军事为本的城邦，但他是否真的存在尚不得而知。即便确有其人，至少可以说他只是一个象征性的人物。

不管斯巴达的统治哲学如何横空出世，

它的崛起很大程度上要归功于其所发动的军事征服。在人们熟知的第一次（公元前743—前724年）和第二次（公元前685—前668年）麦西尼亚战争中，斯巴达入侵并征服了邻邦麦西尼亚。后来的结果证明，斯巴达成了希腊城邦中的一股势力，当时控制着约8500平方公里土地，一跃成为希腊最大的城邦。在被征服的麦西尼亚人和被压迫的黑劳士们的助力下，斯巴达迅速崛起。由于麦西尼亚人和黑劳士承包了全部农活，斯巴达人只做他们最为擅长的两件事——穷兵黩武和治理城邦。

黑劳士们被牢牢地控制起来。斯巴达每年都会向他们宣战，定期予以选择性杀戮，以防止人数过多，有时还会突发奇想将他们组织起来服兵役。这些全都由一个叫作克里普提的秘密军事组织一手包办。组织中大多为正在接受军事训练的年轻斯巴达人。

为加强"军训"，这些斯巴达年轻人昼伏夜出，利用夜色做掩护，用刀攻击毫无提防的黑劳士们。

黑劳士占斯巴达城邦总人口的90%，因此犯上作乱的可能性很大，他们业已成为斯巴达人心头如影随形的大患。有时，他们的叛乱是灾难性的，最明显的一次是在公元前464年的第三次麦西尼亚战争中，他们破坏了斯巴达与雅典的关系，在公元前431—前404年的伯罗奔尼撒战争中他们又故技重演。

尽管黑劳士和麦西尼亚人遭受的虐待显而易见，但原住斯巴达人似乎享有一定程度的社会平等。这些"人"或曰"平等人"中的大部分都享有土地所有权。这些"斯巴达人"必须通过完成军事训练，即所谓的"阿高盖"斯巴达式教育，才能获得公民身份。换言之，只有那些能够将自己的家族史追溯到城邦原住民的人，才会获准参与军训。通过考试的人被称为"同伴"，只要他们继续为自己就餐的军营食堂提供一定数量的粮食，就可以保持这种称号。他们要在军营里生活到30岁，直到60岁才解除兵役义务。

虽然斯巴达人生性好战，但并没有过度的父权制倾向。与其他城邦不同的是，女性也像许多人一样获准拥有土地。由于丈夫战死疆场的概率极大，她们往往会继承他们的财产。在斯巴达，大约有五分之二的土地一度由女性拥有。这使得斯巴达比当时或此后的许多其他文明更具代表性。

斯巴达人治理体系的起源仍然是个未解之谜。罗马帝国时代的希腊史学家普鲁塔克（Plutarch，约46年—120年）认为，来库古在接受阿波罗神通过特尔斐神谕提出的建议后，创立了斯巴达宪法，最初被称为《大公约》。斯巴达人自己没有任何文字记载，也不允许使用钱币，只能以称为奥波尔的铁棍作为替代品。在斯巴达，物质财富并不是地位的象征。判断是否拥有受人尊敬的社会地位，人们更看重的是某个人是不是英勇善战的坚强战士、是否拥有一个多产的农庄、能否养活一个坚韧顺从的家庭。

此外，斯巴达的治理体系融世袭君主制和民主制度于一体，可谓独树一帜。在这个体系的顶层有两位国王，他们来自阿吉亚德和欧里庞提德家族，继承权归长子所有。战时，他们出任斯巴达军队的最高统帅。公元前480年，法律规定其中一个国王必须留在后方。和平时期，他们更多处理的是宗教和

△ 在武装卫士的簇拥下，来库古向全神贯注的听众宣讲他的立法改革

法律事务，民事和刑事案件的审理后来移交给了监督官。在此期间，他们经常向特尔斐神谕寻求答案，并根据需要间或进行祭祀以抚慰神明。

在君主制之外，斯巴达的最高权力机构是长老会。该会由28名“老臣”加上两位国王组成。斯巴达人年届花甲才有资格称为“优胜者”，而长老会成员就是通过公民大会从“优胜者”中选拔出来的，实行终身制。从根本上讲，长老会旨在捍卫城邦宪法，也包括向政府提供咨询和立法援助。他们负责递交议案，而这些议案随后将提交给公民大会。这是他们的权力，他们可以选择阻止议案在公民大会上获得通过。此外，长老会还是斯巴达最高司法机关，有权审判包括国王在内的任何斯巴达公民并予以定罪。

地位略低于长老会但仍然十分重要的是公民大会。任何年龄30岁以上的斯巴达人都可以加入。每次满月的时候开会，而且总是在斯巴达城邦范围内举行。一般说来，会议期间代表们会就提上议事日程的问题进行辩论，并讨论其潜在结果，议题包括外交政策和战争等，没有一件小事。如果得出的结论有违斯巴达利益，长老会有权予以否决。公民大会负责挑选并选举长老会成员，赢得最热烈掌声的优秀候选人才能最终脱颖而出。

同样由公民大会选举产生的还有5位监督官。作为辅佐两位国王的斯巴达统治者，他们中的一人或两人会陪同国王御驾亲征。每逢此时，执掌斯巴达的重任便会落到监督官的肩上。每位监督官可以召集长老会会议，任期一年，这一机制有效防止了他们手中掌握的权力过大。如果国王们不同意某项决定，那么监督官通常拥有决定性的一票。

此外，他们还负责斯巴达卷入的一些秘密行动，比如每年向黑劳士宣战和建立秘密行动组织。

由此可以看出，斯巴达政府虽然在某些方面（如世袭统治者）因循传统，但在其他方面却相当进步。一旦公民以服兵役的形式为社会做出了贡献，他们就有可能发声，提出自己的建设性意见，甚至主动要求担责。鉴于作为一种霸权的斯巴达不复存在之后，有许多欧洲国家的政府在悠悠数千年里仍由君主统治，斯巴达的治理体系就更加显得饶有趣味了。

然而，这并非是要对这种治理方式大加褒扬。倘若不加以制衡，国王、监督官和长老会就有可能擅权，况且这一体系在很大程度上只是在镇压黑劳士时才起作用。即便如此，这是一部润滑良好、效率极高的机器，助力斯巴达巩固了其霸主地位，成为希腊最令人敬畏的一个城邦。

另类历史

有关斯巴达的建立，希腊神话的视角与人们普遍接受的历史记录大相径庭。在希腊神话中，斯巴达是由希腊神宙斯之子拉栖代梦（Lacedaemon）和阿特拉斯（Atlas）巨人之女普勒阿得（Pleiad）建立的，被称为塔宇革忒(Taygete)。他接着建立了都城，并以妻子、拉科尼亚周边地区国王欧罗塔斯（Eurotas）之女的名字命名为"斯巴达"。他们育有三个孩子：阿米克拉斯（Amyclas）、欧律狄刻（Eurydice）和亚辛（Asine）。

拉栖代梦的遗产在许多方面得以传承。首先，人们认为他在斯巴达和阿米克莱之间的卡里忒斯（Charites）建造了神庙；在附近的铁拉普涅竖立了一座自己的雕像。拉栖代梦的后代包括奥德修斯（Odysseus）的妻子珀涅罗珀（Penelope）、斯巴达的海伦、珀尔修斯（Perseus）、赫拉克勒斯（Heracles）和迈锡尼王后克吕泰涅斯特拉（Clytemnestra）。

随着时间的推移，他的名字仍在沿用。在罗马时代，"拉栖代梦"经常用来描述斯巴达周边区域，而"斯巴达"一词则多用来指城邦本身及其周围的核心区域。

古代斯巴达公民的一天

为了能在古代斯巴达生存发展下去，人们就必须坚韧不拔，身体健康，精神强大。必须学会接受一种以战争为导向的军事文化。由于不需要在地里躬耕垄亩——农活是留给奴隶干的——公民们可以把时间全部都用来进行军事训练。男孩从 7 岁开始便为战争做准备，到 20 岁时就成为正式士兵和公民。

尽管人们认为女孩们不必非得准备打仗，但她们还是努力训练，以保持健康的体魄，为斯巴达繁衍生息做贡献。长大之后，她们的任务是操持家业，而男人们则训练与波斯这样的敌国，甚至与雅典和底比斯这样的敌对城邦作战。

晨哨

斯巴达为其军事实力而感到自豪。与其他古希腊城邦不同的是，斯巴达没有城墙，因此需要男人来守卫城邦。这意味着他们在兵营里早早就得起床，放哨和进行训练，以防敌对城邦入侵。

训练，训练，训练

在古代世界，训练有素的斯巴达重装步兵是最优秀、最令人胆寒的战士。好战城邦斯巴达对其军事文化引以为豪。在严格的制度框架下，男人们从小就在纪律严明的军事学院里接受教育，确保他们成为训练得法、战斗力强的步兵。

饕餮大餐

所有这些军事训练意味着斯巴达人需要把自己培养成大胃王。在斯巴达，受欢迎的食物和饮料包括奶酪、无花果和各种肉类及佐餐葡萄酒，还有遐迩闻名的红肉汤（一种猪肘和猪血的混合物），这凸显了斯巴达人对简单、丰盛和补充体力餐食的偏好。

参政时间

在城邦治理方面，作为“民众”或公民选民的斯巴达人有自己的发言权。他们可以就长老们给出的选项进行投票，而这些长老们在监督官的协助下辅佐两位国王统治城邦。

监管黑劳士

斯巴达人的经济依赖于对黑劳士的奴役。斯巴达男人作战期间，这些奴隶负责农耕和贸易。由于禁止公民从事贸易活动，因此黑劳士取而代之进行货物买卖。奴隶数量之多意味着他们形成了自己的阶级，反抗统治者的情况也不乏其例。

农耕

城邦周围肥沃的土地适于种植小麦和大麦，由黑劳士努力负责打理。生产至关重要，所有的收益均归城邦，而不是个人。斯巴达没有钱币，禁用奢侈品和囤积金银。

并非整天打仗

军事训练固然受到高度重视，但人们仍有闲暇移情于文化艺术。男男女女都读诗制陶。不过，斯巴达人的心思主要花在战争上面，因此保持最佳体能占去了很多时间。

天伦之乐

一天下来，公民们回到家中。斯巴达男人只在30岁以后才被允许和妻子住在一起。除了家庭生活之外，斯巴达男人还经常和他们的同伴进行集体社交活动，分成小组一起吃饭，一起训练。

斯巴达：勇士之邦

SPARTA: WARRIOR STATE

痛苦、残酷和残暴的训练，
令斯巴达男孩的生活十分艰苦。
让我们从一个不断超越极限的士兵的视角重现勇士的成长之路

“不带着盾牌凯旋，就倒在盾牌上壮烈牺牲。”这句话在每一个战士心中回荡，但对阿里斯托代穆斯（Aristodemus）来说，一想到母亲背诵这句斯巴达誓言时的声音就让他羞愧难当。他的手紧握着长矛的矛杆，指节比战友们的更白，手掌也更光滑，透过头盔的面罩，能够看到他全神贯注的目光。这场战斗很重要，是对即将来犯的薛西斯一世（Xerxes Ⅰ）军队的报复，因为前年勇士国王列奥尼达（Leonidas）和 300 名斯巴达精兵在温泉关战役中全部阵亡。

在他出生的那个时代，他的呱呱坠地不过司空见惯的一桩小事。斯巴达长老们把他从母亲怀里抱走，带到泰杰托斯山（Taygetos）。瘦小的阿里斯托代穆斯患有黄疸。他被放在峡谷里，饥饿、恶劣天气或野兽随时可能让他命归西天，但这个斯巴达婴儿不并没有像其他许多新生儿一样悲惨。在那个万人诅咒之地，他紧紧地抓住长老斯波德里亚斯（Sphodrias）的手指，紧得让他无法挣脱。斯波德里亚斯在这个婴儿身上看到了一线希望，便噼啪捶打了一顿，随后把他带回他母亲家喂养。

勇士之路

人生初试
0 岁
斯巴达男孩一出生就接受考验。他们从母亲那里被带给长老，由长老们决定是把孩子培养成斯巴达战士，还是送到泰杰托斯山的弃婴场，任由他们死去。

蹒跚受训
0 ~ 6 岁
斯巴达男孩的童年生活为严酷的以军事为本的未来奠定了基础。斯巴达人经常被单独丢在黑暗或陌生的地方，用酒进行清洗。他们相信这样长大的孩子会比用传统方式养育的孩子更加强壮。

进入兵营
7 岁
7 岁左右的时候，他们就开始了斯巴达人 3 个军事教育阶段中的第一阶段。作为男孩的他们从此迈出了军事生涯的第一步。他们将和其他男孩一起，认真接受教头的培训。

按照惯常做法，斯波德里亚斯本可以把他摔到地上，直到他的小手松开为止。但是，眼下身边并没有其他生杀予夺的长老了。阿里斯托代穆斯闯出队列，向前冲去。他的一个重装步兵战友想要拉住他，但对他那抛光的青铜胸甲根本无法下手。此外，和战友们相比，阿里斯托代穆斯算是身手敏捷的。他向进攻的波斯人扑去，30 多年惩罚性日常训练和残酷的战斗考验在他的脑海中闪现出来。

大约 3 岁的时候，他独自一人在漆黑的家里待了几个小时，哭喊着让母亲掌灯来陪他，但无济于事。等母亲回家时，她把满满一杯陈酒浇到他头上，迷疼他的双眼，以此来磨炼他的意志。

他一直都处于半饥饿状态，但此刻胃里翻江倒海，让他无法忍受。后来，像其他斯巴达男孩一样，7 岁时他被带走，住在军营里接受训练，以免母亲膝下的安逸生活消磨他的意志。

在接下来的 12 年里，他都是在日益严苛的斯巴达军事教育中度过的。除王室长子外，所有斯巴达男性公民都必须在这里学习秘密行动、作战和通信等学科。至关重要的是灌输对斯巴达的赤胆忠心，以确保危机来临之际，每个人都会毫不犹豫地以城邦为重。

纵然斯巴达军营生活是残酷的，但至少能让年轻人的生活过得有意义。阿里斯托代穆斯应招加入的斯巴达青年队，所有人被要求裸露上身，并被鞭挞得皮开肉绽。一旁观摩的家人纷纷鼓励自己的儿子。这些年轻人努力成为他们仰慕的斯巴达战士，去默默承受痛苦。四轮鞭挞过后，擅长跳出征舞、具有未来领袖特质的迪翁（Dion）痛苦地大叫起来。他的父母在一旁向他发出嘘声，顿感颜面扫地。与此同时，挨了 23 下鞭笞的阿里斯托代穆斯仍然咬紧牙关挺立着。作为唯一一名还站在那里的孩子，他证明了自己的勇气。人们将他抬到教练宽宽的肩上，母亲见状脸上荡漾出骄傲的笑容。他背上那厚厚的伤疤是对他的奖赏，也是他荣耀的见证。

这时，波斯军队前锋的面孔已清晰可见，阿里斯托代穆斯怒火中烧。他在薛西斯一世所谓的“长生军”（Immortals）覆盖着半个头盔的脸上，看出了狐疑、困惑，甚至还有一丝恐惧。斯巴达方阵足以动摇普通士兵的信心，就连波斯精锐部队也不会愿意与渴望复仇的斯巴达重装步兵针锋相对。

当阿里斯托代穆斯在飞扬的尘土中冲向敌阵之际，他懵懂少年时苦乐参半的记忆不知不觉在脑海中翻腾。13 岁时，阿里斯托代

格斗
10 岁
虽然斯巴达男孩旨在训练格斗，但他们也要学习斯巴达文化，并在音乐和舞蹈方面相互竞争，全方位满足实战需求。至少，斯巴达人认识到了节奏在战斗中的价值。

绑定实践
13 岁
随着斯巴达男孩完成 12 岁时应完成的学业，他们也就成了真正意义上的年轻人，训练也变得更加严酷，运动量加大，要赤脚和半裸作战。也正是在这个年龄段，他必须和一个年长的男人——“情人”——建立联系，从他那里获得指导。

斯巴达技能

有三种危险科目所有斯巴达战士必须掌握

长矛

长矛是斯巴达军队的主要兵器，2 ~ 2.7 米长。作战时一手执矛，一手持盾。顶部是叶矛头，尾端呈尖状。要有效使用这种武器需要经过大量训练，因为矛的长度和制作矛杆所用的高密度木材，使它只在训练有素的战士手中才能发挥最大效用。

难度◆◆◆◆◆
危险系数◆◆◆◆◆
威慑力◆◆◆◆◆
实战性◆◆◆◆◆

剑

斯巴达人的剑是一种近身武器，长 30 ~ 40 厘米（比其他希腊人的剑要短），锋利无比，在斯巴达战士手中可以电光火石间夺人性命。在斯巴达方阵的密集肉搏中，它们的杀伤力远比敌人的武器要强，能够刺透盾牌墙，给敌军造成毁灭性创伤。鉴于城邦激发出的年轻人的激情，有人使用长矛、短剑或大刃武器反曲砍刀（kopis）进行训练时意外致死或身负重伤，也不足为奇。

难度◆◆◆
危险系数◆◆◆◆
威慑力◆◆◆◆
实战性◆◆◆◆◆

搏击

古希腊搏击（Pankration，希腊语中有“全能、力量和能力”之意）是古希腊人为奥运会而发明的摔跤和拳击的结合体。它的规则很少，除了挖眼和咬人，其他动作都不算犯规。踢、抱、掐、摔和掰手指是习练者所要承受的必不可少的痛苦。它的威力极大，至今仍有一些搏击家乐此不疲。

难度◆◆◆◆◆ **危险系数**◆◆ **威慑力**◆◆◆ **实战性**◆◆◆

少年考验
13 ~ 18 岁
在成年前的这 5 年中，斯巴达男孩常常食不果腹，因为人们相信这会让他们长得高大强壮，通过少食来为将来的军事行动做好准备。他们可以通过偷盗来获取更多食物，但一旦被抓，就会受到严厉的惩罚。

传授知识
18 岁
斯巴达男孩成年后，在与其他 15 名未婚的年轻斯巴达战士编队之前，他要用第一年时间来帮助训练军营里的其他年轻人。在这个年龄段，他可能会被派去执行任务，杀死不守规矩的黑劳士。

秘密行动
20 ~ 30 岁
在成为斯巴达正式军人后和 30 岁之前这段时间，斯巴达士兵需要在秘密行动组织里服役两年，部分任务是维护对农村地区黑劳士的控制。

训练技巧

奥林匹克体育馆与新兵训练营

作为希腊的一部分，斯巴达吸收了同胞的许多训练技巧，其中一些迄今仍有运动员在运用。让士兵通过举重或在沙子上奔跑来增加训练强度，恢复体力则需要通过慢走这种能够降低体温的低消耗的运动，虽然休息也是维持体能不可或缺的步骤，但士兵训练的残酷程度显而易见。“鞭笞仪式”象征剥皮所带来的痛苦，锻炼斯巴达人的耐力。此外，还有所谓的“欺凌”：教官经常挑起争端，让受训者动手打斗，从而苦其心志，劳其筋骨。那些胆小如鼠或表现怯懦者会遭到教官和同伴的殴打和戏弄。但凡身上有这些弱点的斯巴达年轻人都没有立足之地。

参选
30 岁
斯巴达男孩只有在 20 岁后才能真正充分享有成年人的全部社会特权。这时他们才终于获准成婚或在集市上与其他斯巴达人交谈。而且，他们还有选举权和被选举权。

退役
60 岁
如果斯巴达人因故体力不支，他们就可以从前线退役，从事较为卑微的工作。年满 60 岁的斯巴达老兵经常被派到后方，去执行诸如在漫长的战役中守护行李车的任务。

明辨真伪：这是斯巴达吗？

300 精兵防守温泉关

列奥尼达国王和他挑选的 300 名斯巴达战士在温泉关阻击了 10 万之众的波斯军队达三天之久，一直战斗到最后一个人。

结论：虚构

当时大约有 300 名斯巴达人，但来自希腊各地的数千名士兵也曾和他们并肩战斗。

女人也接受军训

斯巴达女人也有严格的训练程序，在田径和体操比赛中要与男孩们一比高下。人们认为，女人只有保持健康的身体状态才能优生优育。

结论：事实

当时，斯巴达对女人格外看重。

长老皆恶魔

斯巴达长老是一群有权有势、淫荡好色的老人。他们经常把斯巴达新生儿弃之荒野，任其自生自灭，并因拥有受到国王珍视的智慧而到处索取钱财。

结论：虚构

他们只是拥有权力、受人尊敬的斯巴达老人。

穆斯完成了从军训男孩到青年的转变。他的生活在各个方面都变得更加艰难。个性被剥夺，剃了光头，还经常赤裸行军。斯巴达人不屑弱国的服饰。身为一名斯巴达士兵就已经是至高之尊。他和同伴一起睡在拥挤的营房里，床上铺着坚硬的芦苇，忍受着严冬酷暑，一天军训下来，经常疲惫不堪，遍体鳞伤。他从不抱怨，甚至没有过叹息。他认为自己很幸运，只是承受了嘴角流血和肋骨被折断这样的皮肉之苦。他们训练用的假矛和假剑虽说是木制的，但绝不是拿着玩儿的。他的一个同伴普罗克利（Procles）稍不留意，陪练的对手便趁机给他的太阳穴以致命一击。人们没有哀悼，普罗克利天生就不是当斯巴达士兵的材料。

现在，冲到波斯阵前的阿里斯托代穆斯低声向阿波罗神和战神祈祷着。他所遭遇的第一个长生军还没来得及展示自己的过人膂力，阿里斯托代穆斯便借着自己的冲力，将长矛刺透他的盾牌，刺穿他的喉咙。他想都没想便从波斯人的身上抽回武器。这种近距离作战让他的剑派上了用场。这把貌似短剑的武器，在英勇善战的斯巴达人手中却是夺命利器。接下来倒下的波斯人愚蠢地把自己的软肋暴露了出来。

在肾上腺素和激愤情绪的交织中，阿里斯托代穆斯记起了他第一次杀人的经历。那

> **“他宁愿上吊自杀，也不愿面对阿里斯托代穆斯回到斯巴达时所遭遇的耻辱”**

个人不是侵略军，而是一个在葡萄园里采摘葡萄的黑劳士奴隶。斯巴达鼓励他们的年轻人偷窃东西，以缓解军营中因食物短缺而造成体力不足的状况，从而学会秘密行动，变得灵巧机警。一旦被抓，通常会遭到殴打或鞭笞。惩罚不是因为偷窃，而是因为被抓。当年轻人接近成年的对手时，这样的训练方式会愈发凶险。抵抗的迹象在黑劳士奴隶群里逐渐显露出来，而这恰好给了长老会一箭双雕的机会。为了把反抗行动扼杀在萌芽状态，并借其激发年轻人已经开始展现的暴力天赋，长老会让阿里斯托代穆斯和同伴带上微薄的口粮及短剑，命令他们去乡下跟踪追杀黑劳士奴隶。

阿里斯托代穆斯花了一天的时间来选择下手的目标，直到那个大个子扛起了沉重的葡萄。出其不意的袭击如闪电般迅猛。阿里斯托代穆斯按照训练的方法伏击了这个黑劳士，用短剑三次刺入大个子的腹股沟，切断了他的股动脉，还没等大个子反应过来，阿里斯托代穆斯已经在他轰然倒地之前跑开了。

波斯人似乎和黑劳士一样不习惯斯巴达人野蛮高效的使用武器的方式。只见阿里斯托代穆斯的剑锋在阳光下闪了三下，这名长生军看上去目瞪口呆，随后便有一股鲜血顺着他的大腿喷涌而出。

波斯军队先锋已经完成了与阿里斯托代穆斯自杀式攻击的交手，现在到了合围并击退这个一意孤行的斯巴达人的时候了。在随后的混战中，他在一个波斯人的头上砍了一剑，

三次大捷

普拉蒂亚战役，公元前 479 年

他们和谁作战？

波斯，指挥官是马铎尼斯

撤回波斯后，薛西斯一世让马铎尼斯（Mardonius）将军负责处理与希腊城邦的联盟事宜。经过长达 11 天的僵局，希腊人最终班师，再度进行补给。马铎尼斯判断这是希腊人的全面撤退，而这被证明是一个致命的错误。斯巴达人和其他希腊军队发现了波斯人激进、鲁莽的进攻，于是停止后撤，把相当一部分波斯步兵团团围住，一举歼灭。战争形势逆转，波斯的入侵被击退。

温泉关战役，公元前 480 年

他们和谁作战？

波斯，由薛西斯一世带队

当然，斯巴达人在温泉关败在波斯人手下，史料有详细记载。大约有 4000 名希腊士兵和 300 名斯巴达士兵据守温泉关的狭窄通道，后来阵地被波斯人攻陷，列奥尼达国王决定把所有人都撤走，只留下自己的部下和大约 1000 名士兵。他们的牺牲为希腊军队撤退和城邦备战入侵赢得了宝贵时间。此举鼓舞了其他希腊城邦的士气，并最终迫使薛西斯一世的军队自行退回了波斯。

伯罗奔尼撒战争，公元前 431——前 404 年

他们和谁作战？

雅典

历时近 30 年，其间曾短暂休战。这场旷日持久的战争使斯巴达赢得了最伟大的胜利之一。具有讽刺意味的是，斯巴达得到了宿敌波斯人及其盟友科林斯和底比斯的支持，最终向强大的雅典海军发起了总攻。雅典这个曾经的希腊劲敌败北，沦为奴隶邦，而斯巴达至少在一段时间内成为希腊城邦的领头羊。

让敌兵顿时失明。

随后的战斗令阿里斯托代穆斯的眼睛也负了伤。现在的感觉更像是一场救赎。在过去的一年里，温泉关之战一直在阿里斯托代穆斯的心头萦绕，那种耻辱的记忆如今又翻腾在他的脑海中，令他义愤填膺。在温泉关狭窄的通道上坚持了两天后，阿里斯托代穆斯的一只眼睛感染，几近失明。对于国王列奥尼达而言，他现在成了斯巴达这台战争机器上的短板，影响了斯巴达军队战斗力的发挥。在战斗最后决定命运的那天，他被剥夺了为城邦而战的荣誉，和另一个不幸的士兵、承受着同样痛苦的欧律托斯（Eurytus）一起被送回斯巴达。

回家途中，欧律托斯意识到他们没有赢得胜利的荣誉却活着回去将意味着什么，于是决定返回温泉关战场去直面自己的命运。然而，阿里斯托代穆斯却听从了国王的命令，因此遭遇了比他的同伴更为不堪的厄运。他横遭冷落，被称作“懦夫阿里斯托代穆斯”。自由斯巴达人可以在街上袭击他而不受惩罚（尽管很少有人敢这样做），也没有人可以为他提供庇护。这是斯巴达人最不愿看到的一幕，不过，阿里斯托代穆斯仍然可以为斯巴达而战，仍然可以救赎自己。或许他可以在这里，在普拉蒂亚决战中奋起一搏来一次英雄壮举，或者即便他没能洗清污名，至少以身殉国的壮举也会为他的耻辱和痛苦画上句号。

阿里斯托代穆斯是著名的温泉关战役中仅剩的两名幸存者之一。另一个在最后一战中来得太晚，他宁愿上吊自杀，也不愿面对阿里斯托代穆斯回到斯巴达时所遭遇的耻辱。这使得阿里斯托代穆斯成为唯一一个还能在

普拉蒂亚决战中作战的温泉关战役老兵，并在一定程度上解释了为什么当代希腊历史学家偏偏把目光聚焦在他的身上。

阿里斯托代穆斯的故事是斯巴达人荣辱的化身。从孩提时起，无情的训练体系就把他们锻造成超人的战斗机器，剥夺了他们最基本的人类需求——无论是饱餐一顿还是父母关爱。

受到整肃的男孩们学会依靠自己的智慧生活，所能依赖的只有自己的战友，尤其是他们的“情人”——这是对他们成年监护人的一个暧昧称呼。斯巴达人今天之所以能够成为一个传奇，是因为他们愿意病态地葬送自己儿子的正常生活，来成全一支整个古代世界都会为之战栗的铁军。

阿里斯托代穆斯虽然在普拉蒂亚决战中捐躯，但他的战友并没有因此授予他什么特别的荣誉，尽管斯巴达人见证了他战斗时的愤怒和力量，还有他在倒下之前又凶猛地砍倒了几个波斯人。在同胞的眼里，他终于拯救了自己，死亡就是对阿里斯托代穆斯最好的救赎。

胸甲
重装步兵的胸甲分亚麻和金属两种。较有实力和影响力的军队经常身披华丽的青铜铠甲。这名战士穿的是一件亚麻胸甲。
长矛
2.5 米长的长矛是重装步兵的标准配置。这种刺杀兵器的顶端有叶形矛头，尾端有短粗的尖刺。
护胫
这些金属护甲用来保护膝盖到脚踝之间的腿部，通常用铁片或铜片锤制而成。

重装步兵

在荷马和后荷马时代的希腊，人们认为重装步兵是战场上战斗力最强的兵种之一。重装步兵装备了包括长矛和短剑在内的一系列兵器。经过多年的严格训练，他们常常充当拯救希腊的有生力量。

重装步兵组成尖刺形方阵，作为机动部队一体作战。这种令人望而却步的部署助力他们取得了一些意想不到的胜利，公元前 480 年还战胜了波斯帝国的庞大军队。

头盔
重装步兵头戴各种样式的头盔，从重型科林斯头盔到此处所见的轻型开尔基狄安（Chalcidian）头盔，不一而足。头冠的颜色和设计也因城邦而异。

盾牌
古希腊战士的盾牌称为“阿斯皮斯”（aspis），由凹圆形覆铜木材制作而成，直径约 1 米。

短剑
重装步兵还配备有一把短剑，称作“西福斯”（xiphos），只有当重装步兵的长矛损坏或方阵被破时才使用。

凉鞋
当穿越古希腊崎岖山路奔赴战场作战时，重装步兵通常会穿结实的皮凉鞋，以便为双脚提供一定程度的保护。

斯巴达女人

WOMEN OF SPARTA

揭秘古希腊人眼中可耻的
斯巴达女人真相

古希腊女人的角色就是哺育和培养孩子，竭尽全力让他们成为伟人。斯巴达也不例外——一个女人所能做的最了不起的事情就是结婚生子，抚养孩子们长大成人，保家卫国。然而，这种一言以蔽之的说法似乎过于简单化。斯巴达女人的生活其实还有另一面。她们享有更多的自由，肩负更大的责任。不过，话虽这样说，又有多少斯巴达人娶妻不是为了生子呢？

童年可以说是一个人一生中最重要的时光，是探索和塑造自己的人生观、为步入成年做好准备的时期。在雅典，孩子们是男女分养。男孩接受某种形式的教育，而女孩则宅在家里学习如何持家。古希腊各地都是如此，直到你走进斯巴达，才会发现这里与众不同。在斯巴达，孩子们童年和青春期的大部分时间都是在一起度过的，尽管这种方式饱受诟病，令其他城邦的人深感不满。

据说，弱小多病的斯巴达男婴会被丢到山坡上自行死去，其实，女婴也难逃如此厄运。在这一人生初始阶段，性别并不重要，只要他们能健康长大就行。这种众目昭彰的平等一直延续到孩提时代。

希腊其他各个城邦的女孩没有机会接受任何正规教育，只是待在家里学习相夫持家，而在斯巴达，女孩们的生活却迥然不同。她们和男孩都接受教育，无非是侧重点略有差异而已。

当男孩们被送去接受斯巴达式军事教育、习练作战技能时，女孩们则接受体操和集音乐、舞蹈和诗歌于一体的缪斯课程训练。据一位历史学家说，这是“从日常生活的自我克制和苦行作风中令人愉悦的解脱”，在一定程度上凸显了女性在斯巴达文化中的重要性。即便她们未必与男性不分伯仲、等量齐观，但仍然享受到了应有的尊重。

△ 孩子属于城邦，而不是他们的母亲

△ 让·雅克·弗朗索瓦·勒巴比尔创作的《斯巴达女人的勇气》

“斯巴达女人的生活其实还是有所不同。她们享有更多的自由，肩负更大的责任”

事实上，女孩和男孩都会平等参与青年裸体竞技节，并热情地表演节奏欢快的舞蹈。为了纪念斯巴达人崇拜的阿波罗神，由男女生组成的混声合唱团还会表演歌曲，朗诵诗歌，气氛神圣肃穆。女孩和妇女在这些宗教仪式上出尽风头。公元前 7 世纪，诗人阿尔克曼（Alcman）写到一位合唱团女团长，袅袅婷婷的她“宛若鹤立鸡群，超凡脱俗，又似乘着歌声翅膀的梦想家，在高傲地飞翔”。在这种场合中，人们不仅接受女性，而且还大加赞赏和鼓励。这与雅典的生活可谓大相径庭。

王后

歌果王后（Queen Gorgo）是古希腊历史学家希罗多德（Herodotus）的专著《历史》中论及的少数女性之一，因其过人智慧而闻名遐迩，一生充满了传奇色彩。她和斯巴达大多数人一样受过教育，从小就对自己和自己的能力充满信心。八九岁时的她眼见有人想要贿赂父亲，就曾大胆地喊道："爸爸，您要是再不起身离开，这个客人就会拉您下水的。"

歌果与她父亲同父异母的弟弟列奥尼达的婚姻，使她成为斯巴达王后。就在这段时间里，发生了一个关于她的最著名的故事。当希腊与波斯人交战时，一块无字碑运到了斯巴达，大家都一头雾水，不知如何处置，但是歌果灵机一动，她派人刮掉了碑上的蜡，发现了先前封住的波斯入侵计划。尽管刮蜡的主意是女人之见，不过人们还是乐得一试。此举阻止了波斯对希腊半岛的侵略。人们过去和现在都认为歌果是一个坚强、智慧的女人，是斯巴达女性的真正代表。

不仅如此，女孩和男孩还经常穿着少得不能再少的衣服在一起训练。这种行为在其他城邦看来简直可耻至极，有伤风化。按照雅典人、科林斯人、底比斯人和其他城邦人的做法，两性应该分开，只有在花好月圆的新婚之夜方可真正走到一起。然而斯巴达则更强调城邦而非个人，人人都要同仇敌忾，为国尽忠。对所有的孩子来讲，无论性别，这意味着要争当最好的孩子，尤为重要的是，要成为社会中强悍的一员。对于男孩和女孩来说，正是他们身上蕴藏着的这股伟力，支撑着他们度过艰苦卓绝的成年。

年轻女子在斯巴达的生活当然不能说是枯燥的。少女们并不像其他城邦那样离群索居。相反，她们继续享有相对自由，在外面锻炼、训练，还能与男人称兄道弟，这在局外人看来最是大逆不道。为了方便大量地运动，她们的长袍侧面有一条长长的开缝。女子们的机智犀利远近闻名。她们常常直抒胸臆，而不是温恭顺从。毫无疑问，这是教育的结果，但她们的智力的确至关重要。对于一个军事城邦而言，人丁兴旺固然关键，智力过人也同样重要。他们认为，只有最好的女人才能生出最好的孩子，只有最优秀的孩子才能成为最英勇的士兵。

女人享有一定的自主权。尽管化妆是被明令禁止的，但她们能像男人一样骑马和乘坐战车，在斯巴达的街道上自由行动。不过，这其实并不重要，因为斯巴达女人从来都以素面朝天但却倾国倾城的美貌著称于世。她们还拥有其他一些外邦女人们闻所未闻、从不敢奢望的东西——土地。

无论是打仗还是戍边，男人们在 60 岁之前（如果他们能活得那么久的话）一直都在军队服役。那么，土地谁来侍弄？谁来放牧和收割庄稼？重担就落在了留守的女儿、妻子和姐妹的肩上。亚里士多德甚至说，斯巴达三分之二的天是“由女人顶起来的”。当然，作为一个局外人，他的笔触可能不无嘲讽，但由于受过教育，女性成为土地所有者当之无愧。

此外，兄弟姐妹可以同等继承家庭财产，女人甚至可以掌控和遗赠自己的财产，或将其作为嫁妆的一部分。不过，值得注意的是，这并不是因为斯巴达是一个超前进步的国家，而是完全出于实际需要的考虑。想想看，如果男人们战死疆场，谁会留下来维持城邦的运转呢？

然而，不管坐拥哪些权力，斯巴达女人并不是为照料土地或炫耀智慧而生。她们的成长是为了嫁作人妇、繁衍后代。这就是她们的结局与归宿。尽管如此，斯巴达人走进婚姻殿堂往往比其他地方的人要晚得多。男性到 25 ~ 29 岁才谈婚论嫁，但由于军务在身，只有到了 30 岁才和妻子同居，而女性则会一直单身到十几岁或二十出头，而没有遵循月经初潮即成婚的希腊惯例。

这段加长的单身时光令女人受益匪浅，原因显而易见。女人们可以把这一时期用来强身健体，从而生育更加健康强壮的孩子。尚在青春期的女人不会被迫生产。正如普鲁塔克所写，她们“不在稚嫩青涩之时匹配完婚，而是在黄金鼎盛之际才喜结连理”。

就婚后生子而言，人们当然更喜欢儿子，毕竟他们长大后会成为城邦的伟大捍卫者，但生女儿也是弄瓦之喜。最重要的是孩子健

勇敢的哲学家

哲学家蒂米查（Timycha）是一位极具斗争精神的人。作为毕达哥拉斯（Pythagoras）哲学的追随者，她和她的追随者都是严格的素食主义者，就连豆子都不吃。关于不吃豆子的信仰来源说法虽然很多，却被认为是理解他们的哲学的重要依据。

这伙行者触犯了老狄奥尼修斯（Dionysius），被僭主（古希腊一类统治者的名称）派兵追杀。一行人悉数遇害，只有蒂米查和她的丈夫米利亚斯（Myllias）被擒，带到了僭主老狄奥尼修斯那里。老狄奥尼修斯最感兴趣的是为什么他们没有从豆子地里逃走。拒绝说出自己信仰秘密的蒂米查遭到了酷刑的折磨，但她仍旧不肯透露半句，最终咬下了自己的舌头，吐在老狄奥尼修斯的脚边。虽然我们不清楚接下来发生了什么，但很有可能她和米利亚斯都被处死，而她的秘密也就被带进了坟墓。

◁ 面对从军的儿子，古代斯巴达的女人收起了温情母爱，表现得铁石心肠

康，多子多福。

在斯巴达做母亲与今天大不相同。孩子们不需要父母的溺爱甚至养育，而是要为现实生活做好准备。母亲们有 7 年的时间来塑造儿子作为未来战士的初始阶段，然后把他们交给城邦，接受军事教育。女孩们自然会在母亲膝下待得更久，学习技能，锻炼身体，这样当她们长大成熟时，便开始生儿育女，送子参军。

男孩们长大后，人们最不愿看到的就是他们怯懦的表现。在他们奔赴沙场之际，母亲的临别赠言通常都是"不带着盾牌凯旋，就倒在盾牌上壮烈牺牲"，全然不见母子间的依依不舍。在战场上打败仗、当逃兵的男人会令人大失所望。事实上，有辱门庭的逃兵会让家族几代人都抬不起头来。形成鲜明对比的是，勇猛战斗、获胜凯旋的战士的母亲会令人刮目相看，尤其是当儿子为国捐躯时，母亲们更是受到人们的顶礼膜拜。一位斯巴达妇女闻听儿子阵亡后说："让可怜的懦夫们去哀鸣吧，我埋葬你时绝不会掉一滴眼泪。我的儿子，没错，你是我的，但也是斯巴达的。"

就我们所知，在古代斯巴达，人们死后能享有带墓碑的坟墓只有两个理由：一是战死沙场，二是命丧产床。二者都被视作为报效国家而牺牲了自己的生命。

"女人甚至可以掌控和遗赠自己的财产，或将其作为嫁妆的一部分"

所有这些都给我们描绘了一个公平社会、男女平等的图景。但是，如果让女性尽享所有这些机会，目的只是让她们生产下一代士兵的话，那么又何谈真正的平等呢？话虽如此，你或许会说，其他地方的希腊女人都是在较受约束的环境中长大，而斯巴达女人至少还能在不可避免的生产之前多少享受一下生活。女权主义或平等的概念在古代并不存在，当然也不像我们今天所理解的那样。我们永远不会真正清楚彼时的女性是否能随遇而安，或者是否她们内心积蓄着更多的渴望。

尽管如此，需要提请大家注意的是，我们所掌握的关于斯巴达人和斯巴达女性生活的所有信息，几乎都不是斯巴达人自己口传身授出来的。虽然斯巴达并非文盲城邦，甚至有些女性也会读书写字，但我们所知晓的有关他们的事情，差不多都出自雅典人和古希腊其他地方的作家之手。由于斯巴达人和雅典人势不两立，历史学家们不得不透过这些嘲讽和诽谤去揭示斯巴达人生活的真实面目。他们成功勾勒出一幅相当翔实的全景，尽管穿帮的漏洞时有闪现。

不过，所有这些都不由得让人产生一个疑问：为什么斯巴达如此特立独行？如果古希腊各地所有的女人都深锁闺阁，为什么单单斯巴达鼓励她们与男人和睦相处、共同训练，享受截然不同的待遇？这一规划旨在建立纪律严明的集体社会，由公元前7世纪监督过斯巴达城邦重构的立法者来库古制订。他的改革举措中就包括了有关女性的规定，从而使得她们在塑造令人望而生畏的斯巴达方面起到了应有的作用。那句脍炙人口的话至今余音绕梁——强健的女人才能生出强健的孩子。

有人认为，地理因素不可小觑。这种观点不无道理。领风气之先的雅典是一个港口，商贾云集，贸易繁盛，来自地中海彼岸的影响多汇于此，与外面的世界藕断丝连，与科林斯和底比斯颇为相似。雅典的居民享受着来自世界各地的奢侈品，听闻过遥远他乡历久弥新的故事。与此同时，斯巴达却茕茕孑立，与世隔绝。

在怪石嶙峋的群山环绕下，斯巴达必须自给自足才能生存，因此他们的心态与雅典人难以相提并论。光靠男人的力量不足以保家卫国，每个人都必须竭尽全力，才能让斯巴达以令人望而却步的威猛形象示人，这样斯巴达才能江山永固，兴旺发达。女性在其中扮演了重要角色，因为她们不得不这样做。据说有人曾经问过歌果王后，在希腊为什么只有斯巴达女人能对男人颐指气使，王后的回答毫不犹豫，一语中的：“因为，只有我们才是男人的母亲。”

斯巴达的黑劳士

THE HELOTS OF SPARTA

斯巴达军事社会离不开奴隶的劳役，
但哪里有压迫哪里就有反抗

黑劳士起义

尽管有专门为镇压黑劳士而设计的社会制度，但他们仍然揭竿而起。特别是对于那些曾经住在麦西尼亚的人来讲，独立的日子仿佛就在昨天，他们常常沉湎于过去的好时光。斯巴达人打了将近20年的恶仗才最终征服了麦西尼亚。及至公元前685年前后第二次麦西尼亚战争爆发，已是两代人之后的事情。这场战争又持续了大约20载。虽然最终战败，但许多麦西尼亚叛军还是在战争结束前逃到了意大利或其他地方。

斯巴达人决意不再允许这样的叛乱发生，他们建立了自己独树一帜的军事化社会。但是，即便这个社会倾力战争和军事统治，还是没能阻止黑劳士于公元前464年再度起义。据古代文献记载，当时一场大地震给斯巴达城邦造成了巨大破坏，2万人罹难。尽管很多现代学者怀疑死亡人数虚高，但地震后的混乱为黑劳士创造了反抗主人的时机。

当起事的黑劳士在伊索姆山（Ithome）建立据点时，斯巴达人被迫向雅典人寻求帮助，以驱逐叛军，最后斯巴达人担心雅典人会站在黑劳士一边，将雅典军队打发回家。斯巴达人无法占领这个据点，于是通过谈判达成了一项解决方案，即黑劳士义军撤退到雅典，雅典人将他们安置在科林斯湾。

现在，你走进了斯巴达军事社会。在这里，男人们不是在战争中打仗，就是在和平时训练。在防守斯巴达或进攻敌人城邦的时候，一切还都很好，但在没有战事的情况下，问题就来了：谁去种植庄稼，干那些辛劳、卑微的农活儿来供养统治斯巴达的勇士们。

面临这个问题，斯巴达人举目四望，看到了他们在征服拉科尼亚地区（斯巴达首府所在地）时的手下败军。于是，这些拉科尼亚人沦为斯巴达精锐之师的第一批奴隶劳动者。公元前8世纪晚期，另一伙被征服的人麦西尼亚人被贬入奴隶大军，他们曾经拥有的肥沃土地成为贯穿斯巴达历史的粮仓。

然而，征服麦西尼亚给斯巴达带来的问题和它解决的一样多。最显而易见的问题是被征服人口现在远远超过了斯巴达人口的数量。斯巴达人通过武力征服，一下子获得了大量焦躁不安、桀骜不羁的臣民。处置被征服人口问题的对策，塑造或者说扭曲了后续斯巴达社会。

奴隶制在其他希腊城邦普遍存在。然而，斯巴达人征服的那些被称为黑劳士的奴隶的地位与希腊其他地方的奴隶不同。普通奴隶是动产，属于个人或家庭的财产，拥有和狗一样的权力，换句话说，就是没有任何权力。他们通常是从奴隶贩子那里买来的，尽管战俘往往会是被集体押解到最残忍的奴隶主——矿主那里。作为动产，奴隶的子女归奴隶主，而非自己的父母所有，甚至解放了的奴隶也必须把他们的部分收入交给以前的主人。

相比之下，黑劳士在斯巴达僵化的社会等级制度中占据独特的地位，他们的等级介于自由人和普通奴隶之间。黑劳士不是个人或家庭的奴隶，而是城邦的奴隶，不属于任何特定的主人，而是隶属于斯巴达和斯巴达人。的确，“黑劳士”一词最有可能是从“俘虏”一词的词根派生而来。黑劳士被束缚在这片土地之上，躬耕陇亩，日夜辛劳，还得根据种植数量和产量向分配给他们的斯巴达主人交纳预定税款，尽管他们可以将余额留作己用。有些黑劳士也当用人、做生意、干工匠，但他们在斯巴达社会的核心作用是为战士们提供所需食物，以维持生活、保住社会地位。作为面朝黄土背朝天的农民，黑劳士至少能以自我选择的家庭为单位生活，这成了他们与普通奴隶的分水岭，而且由于麦西尼亚的土地特别肥沃，黑劳士有时还可以积累下可观的财富。不过，就更广泛的斯巴达社会而言，这只会让黑劳士群体显得更具威胁性。于是，斯巴达人面对如何应付生活在他们身边的被征服者的问题，想出了一个全新的解决办法。

公元前7世纪麦西尼亚人被征服后不久，黑劳士便开始揭竿而起，反抗主人。结果，第二次麦西尼亚战争一打就是数十年。斯巴达人取得最终胜利可能是由于他们采用了革命性的新战术——重装步兵方阵。斯巴达城邦以前也与其他希腊城邦相似，有着自己的艺术传统，生活充满诗情画意。但是，为了治愈这场镇压奴隶的长期战争给城邦和人民造成的创伤，斯巴达人决定与这些阳春白雪般的浪漫决裂。

自此以后，他们便转身成为一个军事城邦，时刻提高警惕，加强训练，准备打仗。年轻的斯巴达人全都要接受严格的军训，不适之辈在出生或幼年时就会被弄死。斯巴达战士之间的配对做法，使战友之间的正常关系呈现出畸形状态。斯巴达社会的全盘军事化似乎是恐惧黑劳士的一种本能反应，毕竟他们生活在黑劳士中间，而黑劳士的劳动推动了整个城邦社会的正常运作。其实，这种恐惧的根本原因只消一个简单的数字便可说得清楚。众所周知，古代的人口统计根本无法做

◁ 在公元前464年大地震后，一位居民蹒跚着穿过一片狼藉的斯巴达

△ 斯巴达人动辄殴打黑劳士，只是想让他们不忘自己是谁

到精准，但所有古代资料都殊途同归地记载，黑劳士的人数远超斯巴达人。希罗多德认为，黑劳士与斯巴达人的数量之比为7∶1。也有人估计这一比例没有如此悬殊，但有一点不言自明，在希腊所有城邦中，只有斯巴达人的数量比黑劳士少，而且随着斯巴达战士在战争和冲突中不断丧生，黑劳士的数量日益增多，数个世纪来这种状况愈发恶化。

这种被密集的黑劳士吞没的妄想症，对斯巴达社会的方方面面都产生了影响。每年都有一个由5位监督官组成的新委员会上任，监督斯巴达双王的行动。作为新监督官就职仪式的一部分，委员会将在这个场合重新向黑劳士宣战，允许斯巴达人杀死他们想要处置的任何黑劳士，而不必担心任何法律或宗教的制裁。事实上，仪式中最重要的一点是，宣布众神视杀害黑劳士为无罪之举。

尽管有关斯巴达社会这一特殊做法的说法来自公元2世纪的普鲁塔克，但普鲁塔克却称自己的说法源于亚里士多德的一部失传著作，从而令其貌似可信。斯巴达人还成立了一支名为“克里普提”的秘密行动部队，任务是巡逻乡村，杀死那些看似危险的，或者是看起来聪明、进取、勇敢、与众不同的黑劳士。这项斩首政策旨在把可能形成的黑劳士领导层扼杀在摇篮中。

生活在臣民之中的斯巴达人，总是随身携带武器，晚上还要把家门反锁起来。除暗杀行动外，斯巴达人还举行羞辱仪式，让黑劳士时刻记清自己国奴的身份。黑劳士被迫穿上有奴隶标记的衣服，成为公众的笑柄。比方说他们会被强行灌醉，然后带到众人面前，让大家嘲笑他们东倒西歪的滑稽举动。

如此下作地对待黑劳士，似乎对斯巴达人本身也普遍造成了恶劣的影响，至少其他希腊人对斯巴达人行为的指责就很说明问题。古代史料中充斥着对斯巴达上流人士的描述。他们在与希腊其他城邦的代表进行谈判时充满了蔑视，有时甚至棍棒相加。这种行为一定是从斯巴达人对黑劳士的习惯性蔑视迁移而来，进而转嫁到其他外邦人身上。

对黑劳士起义心有余悸也是主导斯巴达政治的一个主要因素。尽管斯巴达重装步兵在所有希腊士兵中最为勇武彪悍，但斯巴达人在任何时间向斯巴达城邦以外的任何地方派遣军队时都异常审慎，就怕黑劳士趁火打劫，利用兵力空虚的机会来犯上作乱。然而，由于斯巴达军队在城邦之间没完没了的战争中损失惨重，他们别无选择，只能征募黑劳士入伍。这些黑劳士主要是拉科尼亚人，因为麦西尼亚黑劳士仍然对斯巴达主人虎视眈眈，心怀敌意。事实上，在后来的斯巴达军队中，每逢出征，一名重装步兵都会配有 7 名黑劳士来协同作战。

直到公元前 370 年，麦西尼亚黑劳士一直都臣服于斯巴达主人。随后，底比斯城邦将军伊巴密浓达（Epaminondas）取代斯巴达征服了麦西尼亚。在此之前，他挥师在留克特拉战役中让斯巴达军队第一次尝到了惨败的苦果。不过，直到公元前 2 世纪，改革派国王解放了拉科尼亚黑劳士，他们才最终摆脱了斯巴达人的控制。截至那时，拉科尼亚黑劳士被奴役的时间已经超过 500 年。在过去的几个世纪里，拉科尼亚和麦西尼亚的黑劳士既是斯巴达城邦不可或缺的根基，又是斯巴达人最大的心头之患。无论从哪个方面来讲，对斯巴达人来说都无异于芒刺在背、如坐针毡。

宗教
RELIGION

希腊人与宗教

THE GREEKS AND THEIR RELIGION

古希腊的宗教五花八门，各有不同，极具创意，
与希腊人自己颇为相似

奥林匹克运动会

希腊所有城邦都参加的节日，是为纪念奥林匹斯山上的宙斯而举办的奥林匹克运动会。最早的奥运会于公元前776年在奥林匹亚举行，每四年举办一次，只有希腊人可以参加。奥运会最初只有徒步比赛一个项目，但随着时间的推移，比赛项目有所增加。

虽然这是一场体育赛事，但节日的宗教气氛十分浓厚。首先向宙斯献祭和祈祷。然后，所有参赛者都在宙斯的祭坛和雕像前宣誓，如有违反，将被处以重罚甚至取消参赛资格。接下来还要举行两次公祭，一次在满月之日，另外一次在节日的最后一天。

奥运会期间，希腊所有城邦都必须遵守停战协定。在神圣休战的情况下，运动员和观众才敢前来而不必担心受到伤害。

希腊宗教没有人人都必须遵守或接受的正式信仰或习俗。希腊人有他们的神话故事，其中许多在希腊国内广为流传，但是，他们并未由此开发出一套严谨的信仰体系。例如，希腊人没有类似《圣经》这样的圣文作为其宗教核心。希腊神话往往因地制宜，关于神明和英雄的故事也各不相同。

有时，故事之间往往自相矛盾。例如，诸神司掌的领域明显重叠，无法调和。希腊神话是几个世纪以来历史上最有创造力和最富创新精神的一批人恣意叙述、不倦传承的产物。他们的神话阐释了众神的起源、希腊人生活世界的性质以及他们笃信不疑的历史。在现代人看来，这些神话之间或许显得缺乏连贯性，一定也曾令希腊人困惑不已。

此外，与现代不同的是，古希腊人对宗教世界和非宗教生活缺乏明确的分界线。对他们来讲，这是众神组成的一个天衣无缝的整体，要求并且接受城邦与个人的定期崇拜和祭祀。

△ 米开朗琪罗想象出来的特尔斐阿波罗神谕所

事实上，希腊人并没有专门的词语来界定我们理解的“宗教”。宗教只是他们日常生活的一部分。在所有重要的公共和私人活动中都会举行仪式；在任何重大行动之前都会寻求神谕。如蒙神明庇佑顺遂无虞，且能得到还愿祭、谢辞或某种公开的认可，那就堪称三生有幸。

希腊有12个主神和女神。因为住在奥林匹斯山巅之上，他们被称作奥林匹亚人。宙斯是众神之王，娶姐姐赫拉（Hera）为天后。和他在一起的还有爱神阿芙洛狄忒（Aphrodite），光明之神阿波罗，阿波罗的姐姐狩猎女神、同时也是处女神的阿耳忒弥斯（Artemis），谷物女神得墨忒耳（Demeter），智慧女神和英雄守护神雅典娜。火神赫菲斯托斯（Hephaestus）也是奥林匹亚人，他腿脚不灵便，却是无与伦比的铁匠。赫耳墨斯（Hermes）是宙斯的飞毛腿信使。残暴的阿瑞斯（Ares）是战神，而波塞冬是海神。环绕着奥林匹亚万神庙的是酒神与狂欢之神狄俄尼索斯（Dionysus）。

除了强大的奥林匹亚人，希腊人还有数百个较小的神明。

坐拥如此多的神祇，意味着他们对非希腊人的神持开放心态。他们轻而易举地便把万神庙里的外国神和他们自己的神一视同仁。他们没有理由否认任何其他神的存在，当然，在这方面的随和迁就并不意味着希腊人对宗教敷衍塞责。事实上，城邦之间订立的条约都是通过向众神严肃宣誓并祭祀来完成的，他们深信，违反这样的条约可能会招致灭顶之灾。

有专门的男女祭司负责希腊诸神的供奉，他们负责监督祭祀神明的仪式，负责照料神庙、神龛和圣所，但不参与对信徒的精神关怀。不过，虽然没有专供祭司了解或遵循的正式教义，但所有希腊人都有一些共同的崇拜特点。

祈祷是人们与诸神沟通的常见方式，其主要内容是求助。人们报上自己的名字、头衔和住所来召唤神；其次是阐述，祈祷者要向神明解释为什么他应该得到帮助，可能还会引述自己曾经的善举，或者称赞助人为乐的神明；然后是祷告，祈求神明的恩典，其中可能会包括寻求多种救济，比方说结束瘟疫或干旱。

对希腊人来说，净化居住区、免受瘴气污染非常重要。个人可以通过洗涤来净化。净化通常是在一些重要的活动之前进行，或者按照日历的要求操作。在雅典公民大会开

△ 帕特农（Parthenon）神庙是雅典的雅典娜神庙

始之前，会举行净化仪式。有时一个地区甚至可能举行集体净化仪式。

净化仪式可以通过洗涤或喷淋来实现。有时也进行熏蒸，辅之以海水和圣泉之水。他们认为，献祭也足以达到净化的目的，用生灵的血荡涤不洁之人的污秽。

的确，祭品在希腊崇拜中不可或缺。动物和蔬菜都是合适的祭品。就前者而言，牺牲品被带到神明的祭坛上，然后用水进行喷洒。水中的动物频频点头，这在希腊人看来就是它默许做出牺牲。人们从它身上剪下毛发，在祈祷中表明献祭者的愿望，随后割破动物的脖颈以示将其遣往天国。接下来，肉被分成数份。第一份献给神明，第二份是内脏，烤制后供献祭者食用；剩下的肉煮熟后分发给出席仪式的人。

节日是希腊公共宗教的重要组成部分。古希腊各地区每年都会举办数百个公共宗教节日仪式。一年中每 3 天就有一天专门举办这样或那样的节日仪式。尽管各个城邦的具体做法和最受尊敬的神灵可能不尽相同，但宗教是区别希腊人与外国人的重要分水岭。

节日的基本特征是游行、祭祀和盛宴。除此之外，各地的传统可能有霄壤之别。大多数节日起源于祈求风调雨顺、五谷丰登的农业仪式。这些活动通常都是季节性的，比如为纪念谷物女神得墨忒耳而举行的地母节，大多发生在秋季。

雅典对节日情有独钟，据说举办的节日仪式数量是希腊其他城邦的两倍，其中一个年度盛事就是酒神节。戏剧是这个节日的重要组成部分，有4天是专门为戏剧准备的，3天上演悲剧，第4天也是最后一天表演喜剧。

不难想象，在古代，疾病和死亡与人类相伴相随，希腊人常常对未来感到焦虑。出于对慰藉的合理渴望，许多人转向神灵，寻求忠告，获取的渠道便是神谕。有10座神谕所能以某种方式预测凡人的未来，其中最重要的是特尔斐（Delphi）神谕所，阿波罗的女祭司皮提亚（Pythia）代表光明之神宣示预言。用阿波罗自己的话来说，他在那里建造神庙的目的，就是为了能够"通过先知的回应给出可靠的建议"。另外一个著名的神谕所是在伊庇鲁斯的多多纳发现的宙斯神谕所。向神谕所提出的问题往往都是非常私人的，例如，是应该在家结婚还是出海远行。得到的回答通常只是简单的是与否。

然而，有时答案可能要复杂得多，并对希腊产生重大影响。公元前480年，就在强大的波斯人第二次入侵希腊之前，雅典人前往特尔斐神谕所咨询了神谕。他们清楚危险迫在眉睫，有些人甚至想要打点行囊逃亡意大利避难。据古代历史学家希罗多德讲，女祭司亚里斯多尼斯（Aristonice）告诉他们："只有木墙不会倒。"对于这个令人费解的回答，人们众说纷纭，但雅典的领袖人物地米斯托克利（Themistocles）给出了智慧的解释：这意味着他们将不得不依靠自己的海军抵御来犯的波斯人，毕竟船只本身都是木质的。不久之后，雅典人率领希腊联合舰队在萨拉米斯海战中大获全胜。

跨过冥河

希腊人认为，死者需要有人帮助才能跨越阳间和冥府的界限。活着的人要尽可能快地埋葬死者，否则这些没有下葬的尸体将受罚在阴阳两界的界河冥河沿岸常年游荡。

因此，找回死者的尸体并予以妥善安葬，对活着的人来说极为重要。公元前405年，有10位雅典海军上将参战的阿吉纽西海战以雅典大胜而告终，但由于风暴骤至，雅典人未能收回阵亡水手的尸体。返回雅典后，尽管班师凯旋，他们却因玩忽职守而受到审判，其中数名海军上将被就地正法。

死者过世几天内，人们就得将其尸体抬到埋葬地点下葬。土葬、火葬均可，但人们认为火葬更加体面。骨灰要放入骨灰瓮里，然后再进行土葬。大多数雅典人的葬礼都在通往城外的道路上举行。为了避开死人晦气，人们不准许他们被葬在城里。安葬后，人们也不会忘掉逝者的坟墓，而是由健在的亲属特别是家族中的女性定期上坟。

奥林匹亚十二神

奥林匹亚众神是由无上荣光、至尊威严、诡计多端、背信弃义的神祇组成的支离破碎的家族。

宙斯

众神之王

强大的宙斯是奥林匹亚众神之王，也是诸多神明和英雄的父亲。他司掌的领域是天空，能主宰天气。其象征动物是所有鸟类中最伟大的鹰。宙斯在众神之中最为强大，也许比众神的合力还要强大。然而，他并非不可战胜。如果违背神明弟兄们的旨意，他仍然会受到惩罚。

宙斯监督宣誓和款待。他的神光足以把凡人烧成灰烬。他与许多仙女和家室之外的女人有过私情。与达那厄（Danae）的结合，使他成为杀死蛇发女妖美杜莎的英雄珀尔修斯的父亲。宙斯的子嗣还有注定成为奥林匹斯山上半神的大力神赫拉克勒斯和世上最美丽的女人海伦。宙斯除了生下如此强大的孩子之外，还播下了许多情种。他的妻子赫拉通过折磨宙斯的后代来为自己蒙受的羞辱复仇。

雅典娜

智慧与战争女神

智慧与战争女神雅典娜，是宙斯和聪明的文明女神墨提斯（Metis）的女儿。雅典娜是众多希腊英雄的保护神。在荷马史诗《伊利亚特》描写的持续了 10 年的特洛伊战争中，她坚定地站在希腊人一边，直接出手相助。在《伊利亚特》的开篇，我们读到了雅典娜的一次十分给力的行动：她阻止了勇士阿喀琉斯（Achilles）杀死希腊军队统帅阿伽门农（Agamemnon）。在《奥德赛》中，我们看到雅典娜帮助另一位宠儿奥德修斯从特洛伊重返伊萨卡岛。

雅典娜是希腊最伟大的城市雅典的守护神。公元前 5 世纪，雅典人为其建造了所有神庙中最为宏伟的帕特农神庙。

雅典娜举止高雅，容貌高贵，但对那些冒犯她的人却十分严酷。一次，沐浴中的雅典娜不巧被先知提瑞西阿斯（Tiresias）窥见。就因为这一不端行为，这个可怜虫竟然被她打瞎双眼。

阿芙洛狄忒

爱神

阿芙洛狄忒是爱与美的女神。当巨人克洛诺斯（Cronus）把天空之神乌拉诺斯（Uranus）割断的生殖器扔进海浪之际，她在大海的泡沫中出生，而另一个神话对她降生的描述则显得不那么恐怖，让她成为宙斯和女神狄俄涅（Dione）的女儿。阿芙洛狄忒的主要祭祀中心是塞浦路斯，据说她就出生在那里。

说来奇怪，最可爱的女神却嫁给了最丑陋的瘸腿铁匠赫菲斯托斯。她对铁匠没有做到忠贞不渝。一次，被戴了绿帽子、怒火冲天的丈夫用打造的魔网，将与战神阿瑞斯厮混的赤身裸体的她捉奸在床。

特洛伊战争伊始，阿芙洛狄忒发挥了重要作用。当她、赫拉和雅典娜各自都想要争得“最美女神”头衔的时候，由特洛伊国王的儿子帕里斯（Paris）在她们中间做出裁决。赫拉赋予他权力；雅典娜许诺他胜利；但阿芙洛狄忒告诉他，她会让世界上最美丽的女人成为他的爱人……

赫拉

众神天后

荣耀的赫拉既是宙斯的妻子和姐姐，也是众神天后。她司掌婚姻和母性。尽管她贵为宙斯之妻，却谈不上是最幸福的女人。丈夫的拈花惹草令她非常嫉妒，尤其对宙斯和凡人女子阿尔克墨涅（Alcmene）所生的儿子赫拉克勒斯憎恨有加。赫拉一直试图通过摧残赫拉克勒斯来报复宙斯给她带来的屈辱，而赫拉克勒斯却并未加害于她。赫拉克勒斯还在襁褓之中的时候，她就派蛇群去害他，不过被小赫拉克勒斯悉数杀光，她的杀人计划遭到挫败。后来，赫拉将其逼疯，癫狂之际，赫拉克勒斯杀掉了自己的妻子和孩子。

赫拉还疯狂地嫉恨宙斯的情人。她说服了酒神狄俄尼索斯的母亲塞墨勒（Semele），坚持让宙斯把他全部的神光在她面前呈现出来。宙斯极不情愿地按塞墨勒的要求做了，可怜的塞墨勒在他那伟力无边的光辉中顷刻化为灰烬。

赫尔墨斯

众神使者

信使和旅行之神赫尔墨斯是宙斯和仙女迈亚（Maia）的儿子。他能引导众人抵达目的地。在《伊利亚特》中，他带着特洛伊国王普里亚姆（Priam）穿过希腊防线，与阿喀琉斯会合，找回被杀儿子赫克托（Hector）的尸体。当赫拉、雅典娜和阿芙洛狄忒需要找到前往伊达山的路参加帕里斯裁决时，领路者正是赫尔墨斯。也正是赫尔墨斯把冥后珀尔塞福涅（Persephone）从冥府中引领出来，带回仙界，来到母亲得墨忒耳身边。

波塞冬

海神

波塞冬是克洛诺斯之子、宙斯的亲兄弟。宙斯、波塞冬和哈迪斯（Hades）三兄弟推翻他们的父亲之后，波塞冬把海洋据为他的王国。就像大海一样，波塞冬时而波澜不惊，时而浊浪排空。三叉戟是他的武器和权威的象征。由于希腊英雄奥德修斯弄瞎了海神之子、独眼巨人库克罗普斯（Cyclops）的眼睛，有仇必报的海神波塞冬硬是百般阻挠，让他过了多年才回到家乡伊萨卡岛。波塞冬司掌地震，希腊人称其为“撼动大地之人”。

赫菲斯托斯

奥林匹斯的铁匠

赫菲斯托斯是万神庙中伟大的铁匠。与其他神明不同的是，跛脚的他身体没有他们那样完美，因此，与众神比较起来显得有些格格不入。他身体上的残障遭到其他诸神的残酷嘲笑，他打造出来的产品倒是颇受大家的青睐。

他是所有靠金属手艺谋生之人的保护神。闻悉自己不忠的妻子阿芙洛狄忒正和阿瑞斯在床上云雨，他制作了一张魔网，把两人死死地罩在床上。得手之后，他把其他奥林匹亚人全都召集过来，笑看这对通奸的苟且男女。

阿瑞斯

战神

战神阿瑞斯嗜血成性，残暴至极。他是宙斯和天后赫拉的儿子，但不受父亲和其他神的待见。因为战争给人们带来的都是恐怖的经历，所以希腊人自己对阿瑞斯也爱不起来。

不过，爱神阿芙洛狄忒却对阿瑞斯宠爱有加，并和他育有四个孩子，尽管当时阿芙洛狄忒已经嫁给了赫菲斯托斯。其中两个孩子是佛伯斯（Phobos，恐惧之意）和迪摩斯（Deimos，恐怖之意），每一个都与战争有千丝万缕的联系。

得墨忒耳

谷物女神

得墨忒耳是大地、母性、丰饶和丰收女神。她对希腊人来说极为重要，因为她掌管着制作面包的谷物。她的主要节日是每年秋季举行的地母节，为的是风调雨顺、五谷丰登。

得墨忒耳司掌着季节的轮回，因此，人们在自然界中才能见证诞生、生命、死亡和重生的循环往复。这个梦幻般的故事，是从冥王哈迪斯偷走了得墨忒耳的女儿珀尔塞福涅开始的。

狄俄尼索斯

酒神与狂欢之神

葡萄与葡萄酒之神狄俄尼索斯是宙斯和凡人之女塞墨勒所生。在希腊众神之中，信徒们对他可谓推崇备至，而其中要数女人为最。这些女祭司举行欣喜若狂、有时暴力叠加的仪式，疯狂地手舞足蹈，还把野生动物撕成碎片。希腊女人会参与到仪式中去，到山上参加由女祭司引导的游行。在那里，她们会在酒神节的欢庆活动中喝得酩酊大醉。

阿耳忒弥斯

处女狩猎神

阿耳忒弥斯是阿波罗的孪生姐姐，也是宙斯的女儿。她是处女狩猎神，也是分娩妇女的保护神，通常被描绘成手持弓箭的女神。作为处女神和少女保护神，她极力捍卫自己的端庄和正派。一次，不幸的猎人阿克泰翁（Actaeon）被在圣泉中沐浴的阿耳忒弥斯绊倒。女神因为被人瞥见裸体而勃然大怒，于是，便把行为不端的阿克泰翁变成了一头牡鹿。猎犬一拥而上，随即就把他撕扯成了碎尸。

阿波罗

音乐、医药和预言之神

英俊的阿波罗在希腊特尔斐和提洛岛（Delos）有两个主要祭祀中心。特尔斐有他的主要神谕所和女祭司皮提亚，那里也称作特尔斐神谕所。在他的神庙里，女祭司负责接待前来占卜的请愿者。

阿波罗的武器是弓。当大祭司克律塞斯（Chryses）在特洛伊受到希腊人的虐待时，他用染有瘟疫的箭射杀了许多希腊人。据说，他还曾用战车拖拽过太阳。

希腊神庙

走进多功能建筑奇迹

神庙起着沟通人与宇宙的作用。人们将其视作神明设计的居所，也是祈祷者、魔法请愿者和占卜者的接待区。它业已成为一个政治符号，借助古代建筑的辉煌成就来凸显城邦的力量和权威。如今作为古希腊最著名象征的神庙，也有其实际用途。它是重要的官方办公场所，兼做储藏中心和金库。

帕特农神庙

地点：
希腊雅典卫城
建筑周期：
公元前 447 年—前 438 年
设计师：
菲狄亚斯
建筑类型 / 用途：
神庙、金库
建筑风格：
古典、多立克
建筑成本：
据现代估算，帕特农神庙造价超过 300 万英镑
建筑师：
艾士提罗（Ictinos）、加利克提士（Callicrates）
占地面积：
69.5 米 x 30.9 米

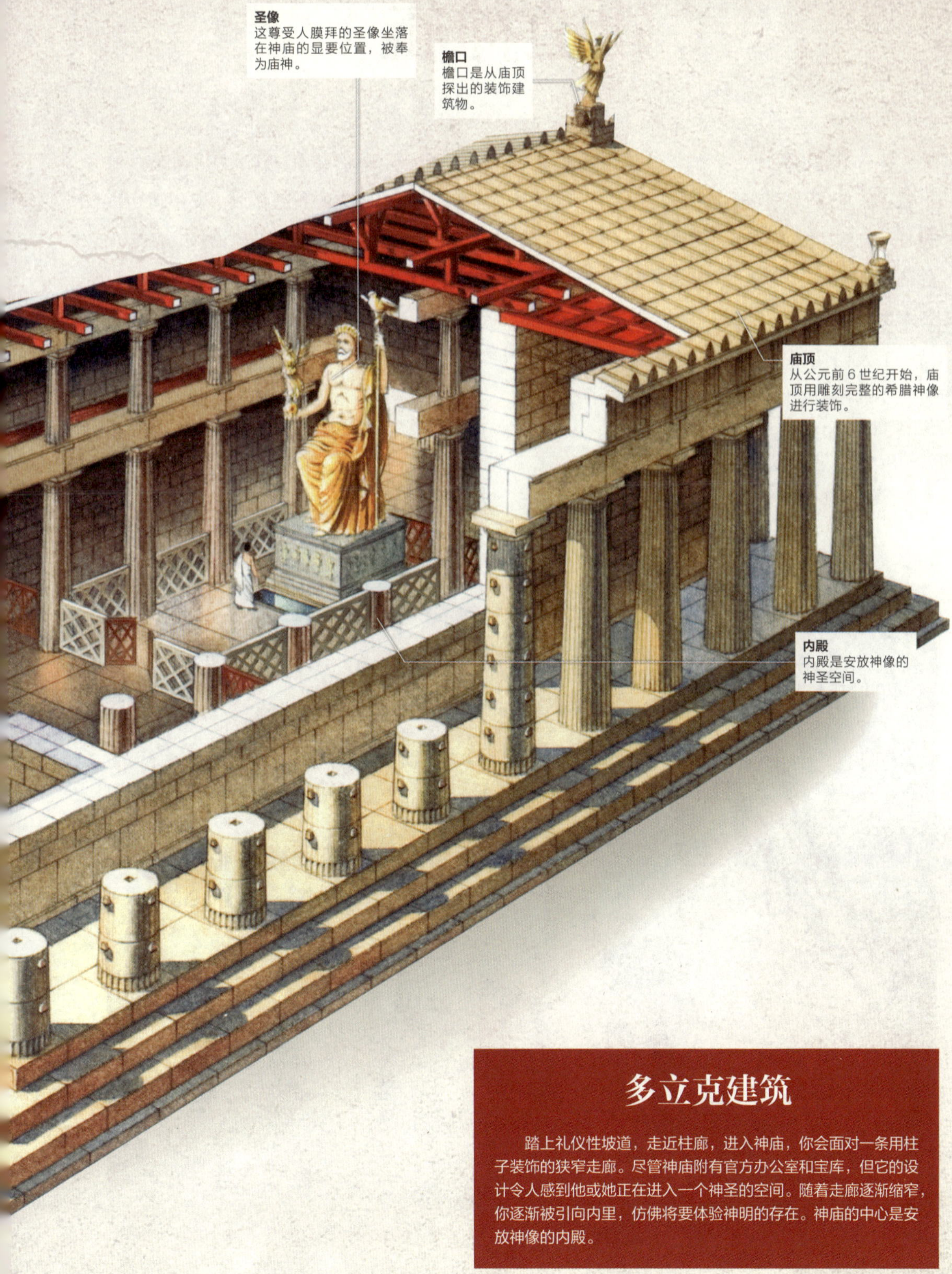

多立克建筑

踏上礼仪性坡道，走近柱廊，进入神庙，你会面对一条用柱子装饰的狭窄走廊。尽管神庙附有官方办公室和宝库，但它的设计令人感到他或她正在进入一个神圣的空间。随着走廊逐渐缩窄，你逐渐被引向内里，仿佛将要体验神明的存在。神庙的中心是安放神像的内殿。

建造神庙

神庙不仅是大理石、木头和石头造就的大厦，而且还是根据天文学原理设计的神奇建筑。有鉴于此，早期的建筑都始于开工仪式，奠定基础（台基）。阶座由数层石块组成，顶端突出地面。

工人们使用的是简单的青铜和铜工具。在施工过程中，他们还使用木槌、凿子和绳索来建造一个梯形基座，作为柱子和墙的基础。柱子由有凹槽的石鼓做成，支撑着由框缘和雕带组成的楣构。神庙建设往往需要十多年的时间才能完工，通常占地 115 米 ×55 米，柱子高达 15 米至 20 米。竣工后，神庙将由工匠进行装饰。

△ 帕塞吉斯塔（Segesta）多立克神庙

如何辨别希腊柱子

多立克柱式是短而重的结构，柱头朴素，没有底座，高度是直径的 4 ~ 8 倍。装饰有 20 个凹槽。柱子底部直接放置在台基（或基石）上。

爱奥尼柱式优雅纤细，与多立克柱式不同之处在于，它们设计有巨大的支撑基础。突出特点是柱头有一对向下的涡卷装饰，很容易区分。爱奥尼柱式有 24 个凹槽。

科林斯柱式华丽繁复，通常比上面提及的多立克和爱奥尼柱式更具装饰性。柱子又高又细，设计有 24 个凹槽，柱头精致，雕有毛茛叶纹装饰，卷须花蕾夹杂其间。

神谕的秘密

SECRETS OF THE ORACLE

上千年来，特尔斐神谕所一直笼罩在神秘之中，
但现在科学家们相信已经可以解开这一谜团

古希腊是一个男人主宰的世界。男人在社会中占据最高的地位。他们在战场上冲锋陷阵，统治着最强大的帝国。然而，所有这些男人，从草根农民到独尊大帝，无一例外地都要向一个人寻求建议，而那个人却是一个女人。

长期以来，圣地特尔斐一直是世界的中心。据说宙斯亲自把它命名为“盖亚（Gaia）的肚脐”。根据传说，一条名叫皮同（Python）的巨蟒，在被幼神阿波罗杀死之前守护着这个地方。阿波罗的箭射穿了皮同。它的身体掉进了一条狭长的裂缝，尸体腐烂后，裂缝里冒出了浓烟。任何人站在裂缝上，都会突然变得心绪恍惚，神志不清。在这种状态下，人们相信阿波罗会攫住他们，让他们感受神明的存在。

在迈锡尼时代，这些灵异之事吸引阿波罗的崇拜者纷至沓来。慢慢地，这处原始的圣地便日益演变成了一间圣祠，到公元前7世纪，俨然已成一座神庙。它只容纳一个凡人来充当连接当下世界和彼岸世界的桥梁。这位女祭司先知以巨蟒的名字命名，叫作皮提亚。

与神明沟通绝非一桩小事，不是随便找个人就能赢得大家的信赖，在如此神圣的位置上为公众服务的。人们认定，只有纯洁、忠贞、诚实的妙龄处女才是不二人选。然而，她们有一个短板，那就是容易引起咨询神谕男人的邪念，进而发生强奸和侵犯女祭司的情况。于是，50岁以上的妇女开始出任女祭司。她们会身着旧日处女时代穿过的服装，以帮助人们记起往昔的美好。

这些年长的女性通常从特尔斐神庙的女祭司中挑选，但特尔斐受人尊敬的本地人也可能被选中。受过良好教育的贵族淑女固然很受重视，但即便是农家女也能胜任这一职务。那些有过婚史的皮提亚必须放弃所有家庭责任，甚至隐姓埋名去除个人身份。作为神谕者，她们将扮演一个十分古老又极其重要的角色，一个超越自我融入传奇的角色。鉴于皮提亚举足轻重，她们必须毫无牵挂，这点至关重要。为了阿波罗和神明，她们必须与孩子、丈夫及前半生的任何瓜葛一刀两断。

在当时，神谕变得越来越重要的原因其实很简单——皮提亚能提供答案。对于一个雄心勃勃的宗教文明来说，人们对这种与神

△ 特尔斐阿波罗神庙

祇在视觉和声音上的关联推崇有加。在每年最暖和的九个月里，皮提亚会在每个月的第七天接受希腊社会各阶层人士的咨询。之所以选择这个时间段，是因为人们相信阿波罗在冬季会离开神庙。

经过斋戒、饮用圣水和在卡斯塔利亚圣泉中沐浴“净化”后，皮提亚会在三脚架支撑的座位上就座，一只手握着月桂枝，另一只手端着一盘泉水。在裂缝上方，远古被征服的巨蟒所散发的烟雾笼罩着她，将她带入神圣天国。

人们从四面八方接踵而至，争先恐后和这位能与众神沟通的女人交谈。许多咨询者为了能有机会向皮提亚提问，往往要跋涉奔波几天甚至几周的时间才能到达特尔斐。他们一到，便会受到男祭司们的严格盘问。男祭司将确定咨询的真伪，并指导他们如何正确地提出问题。那些获准咨询的人必须依从各种各样的传统行事，比如戴着月桂花环去神庙。咨询者最好还能捐献金钱和动物祭品。祭司将仔细审视动物的内脏，倘若有不祥之兆，咨询者可能就会被遣送回家。最后，咨询者才被允许接近皮提亚，提出自己的问题。有说法称神谕由此给出，但也有说法称，皮提

◁ 特尔斐遗址是古希腊最神圣的遗址之一

亚会嘟囔出一些令人费解的话，祭司们会将其“翻译”成诗句。一旦得到答复，咨询者就会回家依嘱行事。

最为棘手的是，在这9天时间里，女祭司会接待众多来访者，从急于知道收成结果的农民到询问是否应该向敌人开战的皇帝，不一而足，可她的回答并不总是一清二楚。女祭司的回答，或者说神庙男祭司的翻译，往往似乎故意闪烁其词，以便无论结果如何，都确保神谕永远是正确的。咨询者必须细加掂量皮提亚的话，否则就要冒歉收的风险，甚至可能全军覆没。当吕底亚国王克罗索斯（Croesus）询问是否应该进攻波斯时，他得到的回答是：“如果你过河，一个伟大的帝国将被摧毁。”他认为这是一个好彩头，于是继续向前推进。不幸的是，被摧毁的正是他自己的帝国。就这样，神谕就像众神一样，永远正确，放之四海而皆准，皮提亚的神名也随之如日中天。质疑神谕就等于怀疑诸神，而挑战诸神简直是不可想象的事情。

很快，不先咨询特尔斐神谕，人们便无法做出任何重大决定。不仅希腊人，连海外达官显贵、一国之君都纷纷跋山涉水前来特尔斐进行咨询。那些能够承担路费的人会一掷千金，以求不在朝圣者和平民排起的长长队伍中等待，尽快向皮提亚提问。通过这些捐助，神庙的规模日益扩大，知名度与日俱增。

不久后，特尔斐似乎实现了使自己成为世界中心的预言，并为奥运会的前身皮提亚运动会吸引了游客。在神谕的感召下，特尔斐摇身一变成为一个繁荣富强的城邦。神谕所不仅成了特尔斐城邦的中心，还成了伟大的希腊帝国的中心。未经咨询神谕，人们不会做出任何重要的决定。因此，在将近1000年的时间里，古代世界最具政治和社会影响力的人是一个女人。

咨询神谕

皮提亚总有答案

我是一名斯巴达立法者。最近，外部势力频频向我们引以为豪的城邦发出威胁。是他们恣意妄为还是我已朽木难雕？

斯巴达来库古

除了贪财好利，没有什么能毁掉斯巴达。

我知道这很傻，但我已经完全沉迷于惧怕自己的死亡而不能自拔！您知道我做些什么能防止早逝吗？

斯巴达海军统帅莱山德（Lysander）

小心地上的蛇，它们会狡猾地从背后攻击你。

我最近夺回了我自己的岛屿。我必须制定一些法律，但我不知道应该成为什么样的统治者。您有什么建议吗？

雅典的梭伦（Solon）

现在就坐到船队中去，因为你是雅典的领航员。你要把舵牢牢地掌握在手中。你在城邦里有很多盟友。

一个宿敌抬起了丑陋的头，想在战场上与我的士兵一决雌雄。唯一的问题是敌众我寡。这仗该打吗？

斯巴达的列奥尼达

公牛或狮子的力量阻挡不了敌人。不，他不会离开，直到把城邦或国王撕得粉碎。

虽然贵为一国之君，但我并没有功成名就之感。我想名垂青史，该怎么做才能扬名立万？

马其顿国王腓力

你可以用银矛征服世界。

我的朋友是一位大人物，但他最近做的决策很有问题。我应该支持他吗？

阿皮诺的西塞罗（Cicero）

让自己的本性，而不是别人的建议，去指引你的人生。

敌人是不会放过我的！我知道自己打不过他，但有没有什么办法让我至少能抵挡一下呢？

雅典的地米斯托克利

只有一堵木墙是无法被攻破的。这对你和你的孩子是一种恩惠。

我的朋友苏格拉底是个万事通。他什么都懂。我俩之间发生了一起争执：有比他更聪明的人吗？请帮忙解决。

雅典的查勒丰（Chaerephon）

没有人比他更聪明。

我的父亲是个非常有名的战士。大家都希望我能子承父业。现在战争爆发了，我感到压力很大，拿不准该如何是好。我应当入伍吗？

特尔斐的盖尤斯（Gaios）

你要去，在战争中活着回来。

为了争权夺势，我牺牲了一切，甚至包括家人，但仍然贪得无厌。我能做些什么来满足自己的贪婪？

尼禄（Nero）

你的出现激怒了你所寻求的神明。回去，弑母！数字 73 标志着你倒台的时刻！

神话背后的科学

考古发掘表明，这个故事可能比人们最初认为的要复杂得多

自从科学在社会上出现以来，人们就一直在寻求一种科学解释来揭示皮提亚出神入化的幻象。关于恍惚神谕的最有价值的叙述之一来自普鲁塔克，他在特尔斐神庙担任祭司。他称从裂缝中散发出来的芳香气体会使女祭司进入一种怪异的恍惚状态。普鲁塔克的说法似乎不无道理，因为考古学家们在实地考察神庙遗址时发现了一些奇特的现象。

例如，皮提亚所处的内室比周围地面低 2 ~ 4 米，附近还有一个泉水沟。与其他任何希腊神庙相比，这座建筑都算是独一无二。所有这些都证明了一件事——阿波罗神庙里肯定发生过奇怪的事情。

1892 年，法国考古学家出于对普鲁塔克提及的裂缝的好奇，开始挖掘神庙的废墟，以期在地下能发现一个古老的洞穴或石洞。然而，令人诧异的是，他们一无所获。到了 1904 年，人们宣称普鲁塔克所谓的神庙烟雾只是一个古

◁ 公元前 480 年的硬币，上有皮提亚三脚架座位图

阿波罗圣地

在这个神圣之所，成千上万的人领教了神谕的智慧。

◁ 阿波罗神庙遗迹今貌

老的神话，从未真正存在过。1948 年，《牛津古典词典》写道：“挖掘工作证实，关于散发臭气的裂缝的古典时代后的说法站不住脚。”

直到 20 世纪 80 年代末，由一些新科学家组成的小组决定亲自调查这片废墟，人们才对此信以为真。科学家们在神庙下面发现的岩石是油性沥青石灰岩，正处在穿过神庙下方的两条断裂带上。这绝不只是巧合。他们认为，构造运动和古代地震导致断层摩擦，与流经神庙下面的泉水共同作用，导致甲烷、乙烯和乙烷气体通过它们上升到中心，直接进入神庙。通风不畅且缺氧的下沉房间会加剧气体的影响，并诱发皮提亚所表现出来的恍惚症状。

尤其是乙烯气体引起了人们的极大兴趣。乙烯是一种有甜味的气体，就像普鲁塔克所说的那样，小剂量乙烯据说能够引起恍惚和癫狂状态。使用乙烯所做的实验显示，乙烯浓度超过 20% 可能会导致昏迷，但如果低于 20%，人们仍然可以坐起来回答问题，尽管

另类说法

皮提亚声称她们的恍惚幻象系阿波罗神所致，而科学家们则将其归咎于气体，但这并非灵异事件的唯一解释。

蛇毒

神情恍惚有可能是由眼镜蛇或环蛇的蛇毒所致。对蛇毒有了免疫力之后，被蛇咬伤会产生致幻症状，从而影响人的情绪和精神状态。

月桂叶

皮提亚总是携带月桂叶。据说能与阿波罗沟通的她们还会咀嚼月桂叶。于是有人推断是叶子引起了她们的恍惚。然而，月桂叶并不致幻，因此这种说法也不成立。

政治傀儡

解释皮提亚精神状态的一个颇为流行的说法，是她们在装腔作势，装疯卖傻。因为她们深知神谕的力量，于是便在适当的时机操纵了这种力量。

声音已经发生了改变。也有发作、抽搐、失忆和言语模式改变的案例。所有这些都与普鲁塔克的描述相吻合。

然而，与思辨科学的一贯情况一样，这一说法并没有得到普遍认同。有科学家认为，二氧化碳和甲烷等其他气体是产生迷幻状态的原因。不管怎样，神秘的特尔斐神谕问题的答案似乎寓于神庙的独特结构和庙址特殊的地理位置。所有这些因素交织在一起，才产生了不同凡响的效果。

◁ 公元390年，神谕崇拜结束

文化

CULTURE

◁ 这尊重装步兵半身像堪称斯巴达最著名的艺术品。人们认为塑造的是列奥尼达或某位神明。目前收藏在斯巴达考古博物馆

古斯巴达的艺术与建筑

ART AND ARCHITECTURE IN ANCIENT SPARTA

让古代地中海地区的这个城邦闻名遐迩的
并非只有军事

当听到“斯巴达”这个词时，你可能马上会想到战争和士兵。当然，你有充分的理由去这么想。斯巴达的军队是如此强大，相关的记忆已经埋藏在人们心里几个世纪，成为经久不衰的遗产和传说。你不太可能想到的是斯巴达的艺术。

事实证明，斯巴达不仅仅是一个勇士遍地的城邦。虽然它不像雅典那样拥有庞大的神庙建筑群和巨大的雕像，但艺术在斯巴达人的生活中也不可或缺。斯巴达人的作坊里有石头雕刻的塑像、色彩艳丽的花瓶、骨头和象牙琢磨成的栩栩如生的雕像，以及青铜熔化打造而成的雍容典雅的器皿。

许多人可能会惊讶地发现，斯巴达一度是一个重要的艺术中心。有多位艺术家就曾在那里生活和工作。虽然大多数人是迁徙至此的移民，来自麦格尼西亚等地，但也有一些是土生土长的斯巴达人，比如吉蒂亚达斯（Gitiadas）。他创作了雅典娜青铜神庙的祭拜雕像，以及为阿米克莱的阿耳忒弥斯奉献的还愿礼。

接下来，就让我们进行一次艺术和工艺巡礼。由于人们对斯巴达社会的其他方面关注过多，这些艺术精粹在很大程度上淡出了人们的视野。可是，失落艺术的文明终究无从谈起，让我们一起来观赏古斯巴达的艺术和建筑。

△ 斯巴达大剧院遗迹

弃城

今天在希腊旅行，你会很容易发现一些古代遗迹。它们遍布整个大陆、克里特岛和爱琴海列岛。可为什么斯巴达人没有留下更多的遗迹呢?

虽然斯巴达曾据险抵抗，将雅典和波斯入侵者拒之城门之外，并在战斗中击败过许多城邦，但哥特人（Goths）一直在步步为营地向希腊逼近。他们洗劫了雅典、科林斯和阿戈斯，然后在公元 267 年掳掠了斯巴达。英勇无畏的战士未能拯救斯巴达于水火之中。公元 396 年，由阿拉里克（Alaric）率领的西哥特人攻陷斯巴达，随后不久这个城邦便遭遗弃。

从此没有人真正迁居于此。被征服、蹂踏的城邦里，死的死，逃的逃。直到 1834 年，希腊国王奥托一世（Otto Ⅰ）才下令在古斯巴达城邦遗址上建造一座新斯巴达，人们才开始陆续回迁。由于两千余年来原本的建筑被侵略者和自然因素所毁，因此留给今天的我们的就只剩下凄凄废墟了。

青铜城邦

斯巴达人精于此道

制造青铜器是斯巴达人的专长，他们有充分的理由在这方面出类拔萃。斯巴达以青铜制品闻名遐迩。匠心独运的大师们用华丽的细节创造出了各种各样的容器、三脚架、镜子及其他器皿。事实上，某些物品已经成为该地区的特色产品。到公元前8世纪，斯巴达小铜马开始大行其道，颇受各地的欢迎。

斯巴达青铜器日益风靡，到公元前7世纪末,大的搅拌碗和水罐已经开始大规模生产。它们由经验丰富的工匠锤打成形，然后用实心铸件进行装饰。从插花到蛇再到希腊神话中的人物，数不胜数，容器的把手通常做成人形。

古希腊的许多青铜制品的工艺和技术都可以追溯到斯巴达，而不是邻近的城邦，尽管这些城邦后来成为斯巴达文化遗产的继承者。斯巴达人的作品多种多样，包括还愿品和日常小雕像，比如翩翩起舞的女人或做面包的师傅。然而，有时他们也会造出比真人还大的雕像，只是这些雕像都没能完整地保存下来。

不可否认的是，斯巴达像其他城邦一样，也有着自己独特的风格。这一地区的青铜器在外观和感觉上与古希腊其他地方截然不同，而他们的盘状镜子更是别具一格。在这一时期的希腊艺术中，裸体女性极其罕见，但斯巴达人却毫不犹豫地用青春靓丽、衣着暴露的女性形象来装饰镜子。这或许是从奥尔提亚当地崇拜的阿耳忒弥斯身上得到了灵感。

然而，随着时间的推移，斯巴达人逐渐放弃了能使他们蜚声四海的风格，开始制造希腊其他地区司空见惯的产品。于是，随着青铜工艺失传，青铜器的热度锐减，人们对斯巴达雕塑、器皿、珠宝和小雕像的胃口一度被吊得颇高,但后来却开始感到索然无味了。

不过，鼎盛时期的斯巴达铜器在地中海各地随处可见，奥林匹亚、阿提卡、阿卡迪亚甚至埃及都屡见不鲜。

但斯巴达人使用的不单单是青铜材质，木头也派上了用场，然后用象牙和黄金装饰。在斯巴达考古遗址中也发现了彩陶、琥珀和黄金。

△ 奔跑的斯巴达女性青铜雕像，创作于公元前520—前500年

建造遗产的麻烦

鲜为人知的斯巴达建筑

如果你去过雅典，那你一定到过雅典卫城，它骄傲地耸立在高处，俯瞰着整座城池。在克里特岛上，你可以游览克诺索斯的古老宫殿，虽说大部分已被毁坏，但墙壁和部分屋顶在2000多年后仍然屹立不倒。逡巡在这些遗址之中，你能分明地找到在熙熙攘攘的古代城邦街道上踯躅穿行的感觉。但是，斯巴达呢？

说来令人汗颜，斯巴达的建筑遗迹寥若晨星。历经几个世纪的寒来暑往，神庙、房屋和兵营均被捣毁，只剩下了几堆没法捣毁的石头——但有时这已足矣。剩下的最著名的当属献给斯巴达王米奈劳斯（Menelaus）和特洛伊海伦（原来是斯巴达人）的米奈劳斯神庙遗迹。这两位因荷马史诗《伊利亚特》的描写而享有盛名。该圣地建于公元前700年左右，说明荷马的故事可能在那时或之前便传到了斯巴达。我们还知道存在其他一些圣所，比如完全用石头建造的奥尔提亚的阿耳忒弥斯圣所。

我们也知道斯巴达人的房子是用晒干的泥坯建造的，屋顶用的是红土瓦。这样的房子在希腊司空见惯，但人们还是认为斯巴达的房子过于简朴。然后我们再看看剧场。这是古希腊最大的剧场，最多可容纳1.5万人，背景衬托的是泰杰托斯山。它的确是斯巴达王冠上一颗璀璨的宝石，没有它的点缀，斯巴达就会黯然失色。

▽ 米奈劳斯神庙废墟，远处是景色壮美的逶迤群山

为陶器痴狂

在古希腊，斯巴达陶器的风格独树一帜

迄今为止，古希腊最丰富的遗存是陶器。有时它们完整地呈现，有时却只是彩绘陶俑的碎片，但考古学家和历史学家已经透过它们对古代工艺和社会有了更加清晰的了解和认识。斯巴达也是如此。

到公元前8世纪，斯巴达城邦各地的作坊都在生产和绘制陶瓶，斯巴达人对此颇为在行。和当时希腊其他地方一样，他们生产的陶器带有几何风格，双耳细颈瓶的颈肩和瓶体都装饰有同心圆。

在这一时期，斯巴达船只遍布希腊，并开始在更远的地中海开展贸易。随着时间的流逝，陶器开始失去色彩，变得缺乏生机，不过整个希腊都是这样，人们认为这种风格的改变，是斯巴达与更广大的外部世界重新联结起来的结果，能让技术水准得到进一步提升。

几何风格时期也是一个跌宕变化的时期——字母表引入，首届奥运会召开，荷马忙着在《奥德赛》和《伊利亚特》中讲述奥德修斯和特洛伊战争的故事。

随着几何风格被黑绘风格所取代，斯巴达也积极效仿，斯巴达艺术家由此创造出了自己的特色风格。这是斯巴达陶器真正流行起来的时候，甚至在地中海地区最偏远的角落都发现了它们的遗存。

当时最时髦的器物是基里克斯陶杯，即一种带有双耳的、宽而浅的酒杯。这种杯子通常绘有人物场景和黑色装饰条。场景通常都取自于神话或现实生活，具有英雄主义内涵，带翅膀的人像、女妖和狮身人面像比比皆是。尽管这一时期以黑绘风格闻名于世，但画家们也用红色和白色来渲染装饰效果。

正是在这一时期，一些斯巴达艺术家脱颖而出，画家阿克西拉斯（Arkesilas）便是其中之一。他活跃于公元前560年左右，最著名的作品是在伊特鲁里亚市瓦尔奇（Vulci）发现的阿克西拉斯杯，杯上绘着昔兰尼（Cyrene）国王阿盖西劳斯二世（Arkesilaos Ⅱ）。这是存世数量稀少、绘有可以辨认的历史人物的作品之一。其他著名的斯巴达陶瓶画家包括波瑞阿斯（Boreades）、瑙克拉提斯（Naukratis）及其他狩猎派或骑手派画家。

奔放的激情

军事城邦却热衷于赋诗、合唱，这种组合貌似怪诞，但事实就是如此。斯巴达和其他希腊城邦一样，也有诗人和作家，只是他们没有像雅典及其他地方的诗人和作家那样为人们所铭记。

斯巴达最著名的诗人首推公元前 7 世纪声名远播的阿尔克曼。当时，他为合唱创作歌词，然后在斯巴达节日上表演。其中最长的一首是 1855 年在埃及 1 世纪的纸莎草纸上发现的一首女声合唱歌曲。10 世纪的拜占庭著作将他描述为一个“极其多情的情诗发明者”。甚至有人认为古罗马诗人维吉尔（Virgil）、德国诗人歌德等都模仿过他的作品。

大约在同一时期，斯巴达人也非常欣赏希腊诗人提尔泰奥斯（Tyrtaeus）的诗。他创作了大量关于军队的战歌，这显然是为了声援斯巴达赢得第二次麦西尼亚战争。他赞赏英雄主义和为城邦的共同利益而奋斗。这两者恰恰都是斯巴达的终极理想。

△ 公元 3 世纪罗马人创作的阿尔克曼肖像

黑彩陶器

当地材料
斯巴达陶器由取自附近采石场的陶土制成。

主要形象
黑彩陶器的视觉焦点是黑彩图像，位于正中央。

色块
为了丰富层次和装饰，制作者会使用红色和白色颜料。

边框
黑彩陶器的一个共同特点是有装饰性边框。

几何风格陶器

纪念性器皿
葬礼上使用的几何风格陶器表明人们重提对绘画人物的兴趣。这种兴趣随后在黑绘风格陶器上凸显出来。

形状
今天的人们认为，几何风格陶器的各种款式是古希腊形状的典型代表。

晚期几何风格
这款双耳喷口杯制于几何学风格陶器走向衰落之前的公元前 8 世纪 30 年代末。

古希腊剧场

巨大露天圆形剧场建造和使用方式揭秘

随着公元前 6 世纪末叶悲剧的出现、公元前 5 世纪喜剧的出现和公元前 1 世纪左右萨堤尔（satyr）悲喜剧的出现，古希腊人不得不建造大量气势恢宏的剧场来堂堂正正地上演这些戏剧。随着数个世纪的流逝，剧场越来越受到人们的欢迎，一再扩建以满足众多观众的需求。事实上，许多半圆形的露天剧场都可以容纳上万人，经常在宗教节日中派上用场，以祭祀酒神狄俄尼索斯为中心的酒神节大型庆典就是其中一例。

虽然古希腊剧场一开始只是简单清理出来的空地，零星散放着一些木凳当作观众席，但不久之后，它们就发展成了功能齐全的圣地式设施。其中包括巨大的成排石质座椅，巨大的乐池和表演区域，由房间、上下场口和活板门组成的复杂后台系统，以及各种华丽和装饰性的布景。这些硬件设施，再加上古希腊人对节日的热衷，使得剧场在巩固和传播希腊文化方面发挥了核心作用。后来的罗马人也欣然接受了这一点。

剧场主要用石头建造，通常圆形剧场的座位嵌在山体里以寻求额外的支撑，而建造公民建筑和神庙的传统方法则被转用于建造柱廊、景观和入口。有意思的是，在建造这些剧场的过程中，最伟大的技术成就是无与伦比的音响效果。座位的形状和角度，以石灰石为最常见的材料，都可以制造出奇特的声学效果，过滤掉诸如观众窃窃私语的低频声音，增强表演者声音的高频部分。

面具的作用

在剧场里戴面具不是古希腊人的发明，却是他们戏剧演出不可或缺的一部分。一方面，面具与古希腊宗教有着千丝万缕的联系。就好像许多神明都喜欢涉足尘世间的繁芜，每次扮演成凡人都是一次顺理成章的表演。故而演员们戴的面具能让他们在视觉上转身成神，并以仪式表演的形式唤起观众们的崇拜。据文献记载，事实上，每次演出过后，人们会把许多面具作为祭品烧掉。

另一方面，面具能让远处的观众更容易看清演员鼻子、嘴巴等的夸张特征和面部表情。把面部隐藏起来也使每个演员能身兼多个角色，尤其是女性角色，因为那个年代禁止女性在剧场内表演。

演员们佩戴的最常见面具是狄俄尼索斯。作为酒神、狂欢之神和戏剧之神，他就是快乐的化身。

剧场巡礼

走进古希腊娱乐中心的剧场建筑

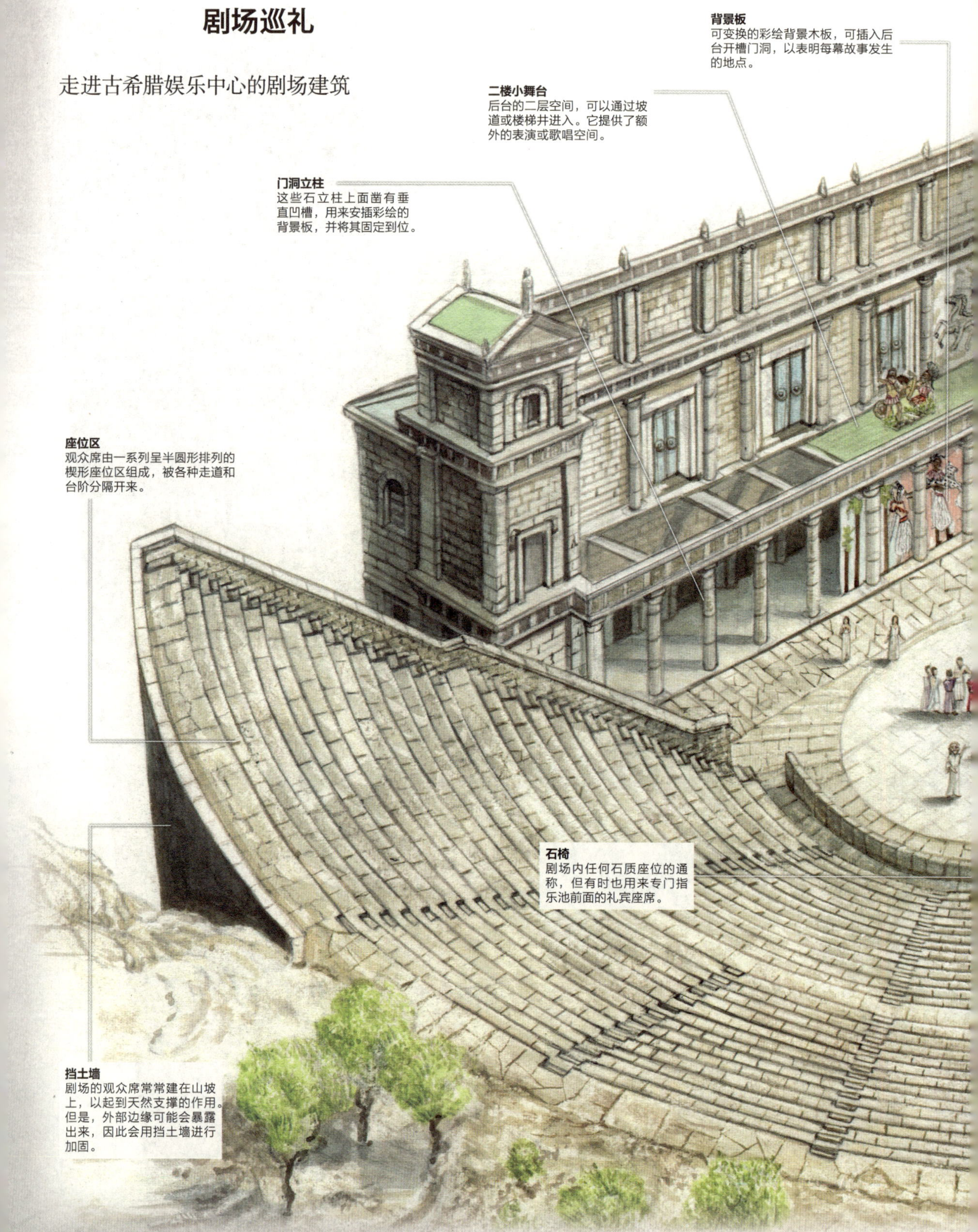

后台
这一背景构建物供演员和场上工作人员更换服装、组装道具和操作舞台用机械设备。看上去往往像一座希腊神庙。
席间过道
观众席中间的一条半圆形走道，将圆形剧场的座位区一分为二。
上场门
演员和观众都可以通过上场门进入剧场。上场门通常位于后台两侧。
指挥台
这一祭坛状构建物供合唱团指挥使用，位于乐池中央。
观众席
指剧场的座位区。
石阶
窄窄的石阶位于座位区两侧，从观众席底部一直通往剧场顶端。它们是到达后排座位的主要路径。
后排座位
中间过道上面的任何座位都属于后排。这个区域的票价比中间过道下方区域的要便宜。
舞台
后台正前方的平台或舞台。它通常包括柱廊和位于礼宾座席前面的开阔表演空间。

日常服装

公平地讲，即便斯巴达人穿上华衣霓裳，在鹅卵石铺就的街道上招摇过市，他们也不忘讲究实用。斯巴达人的家园夏季酷热难耐，冬天寒风刺骨，他们得让自己的衣服既适合当地天气，又方便户外锻炼。让我们来看看当时的男女都穿些什么。

斗篷
斯巴达人披在肩膀上的斗篷由一块毛毯大小的长方形羊毛料制成。在战斗中也会如此穿着，这时斗篷可以包裹在手臂上作为盾牌。

搭扣
为将斗篷固定住，需要使用搭扣或胸针。它们通常是青铜制品，上有各种各样的精美雕刻。

拉科尼亚靴
这些皮靴是露趾设计，方便穿着者大运动量活动，有助于在炎热的夏季保持脚部干爽。

长袍
斯巴达人的束腰长袍也称为希顿古装，是用羊毛或亚麻布剪裁而成。束腰长袍可以通过别针、纽扣或缝缀固定在适当位置。它们通常由一条叫作束带的腰带系在胸前或腰部。

头巾

已婚的斯巴达妇女必须戴上头巾。头巾用类似于罗裙的柔软面料制成。人们经常加上不同形状、颜色和长度的装饰性花边，可能以此作为财富的象征。

饰物

以青铜首饰为主，从繁复的手镯到斜面项链和耳环，在富有的斯巴达女人中风靡一时。当时女人的手指上通常也会佩戴戒指。

臂钏

作为身份地位的另一个明证，妇女经常戴着金属臂钏。大腿环、花环和带状头饰也是当时流行的装饰品。

罗裙

由薄而柔软的织物制成，用腰带固定。就像男人身披的斗篷一样，罗裙也在肩膀处别上别针。

凉鞋

斯巴达所有女人都穿凉鞋或靴子。形状实用，用皮革剪裁制成，露趾是为了方便运动、保持干爽。

赤裸的需要

为了方便活动，斯巴达女人的裙叉开得很高。这一时尚宣言惹来其他希腊人的百般嘲笑，称斯巴达女人是在做“玉腿秀”。

斯巴达红汤

让斯巴达军队热血沸腾的浓汤

斯巴达勇士的食物走的是实用主义路线，因此，军营红汤与其说讲究味道，不如说看重营养。红汤用猪血和内脏做成，听起来不像是极其开胃的食物，而且几乎可以肯定的是，它里面没有加入很多调味料以便喝起来更加可口，但它却能为艰苦作战的重装步兵提供大量的蛋白质和热量。不幸的是（或者说幸运的是，这完全取决于你怎么看），从这个时候开始，确切的食谱似乎就不存在。然而，世界各地五花八门的血汤层出不穷，不过地中海口味的汤可能与斯巴达人喜欢的（如果这个词没用错的话）汤最为接近。

我们还原了与正宗红汤类似的做法，只不过添加了一些味道，以便喝起来更加美味。

配料

- 500 克猪下水（或依个人口味加入碎培根、猪肚、肉末）
- 300 毫升猪血（或用含有猪血的香肠黑布丁和水在食品处理器中混合）
- 250 毫升白醋
- 2 汤匙橄榄油
- 1 个圆葱，切碎
- 3 瓣大蒜，切碎
- 100 克大麦
- 1.5 汤匙红糖
- 1 个浓缩固体汤块（猪肉或牛肉）
- 200 毫升水
- 月桂叶
- 盐和胡椒调味

烹饪方法

1. 在深平底锅中将橄榄油加热，然后用 4 ~ 5 分钟将圆葱炒软。4 分钟左右时（这样可以防止炒煳）加入蒜末煸香。
2. 猪肉（无论下水还是碎肉）下锅和圆葱、蒜末一起翻炒至断生，呈焦黄色。
3. 加入水、醋、汤块和月桂叶，煮沸。然后加入大麦，盖上锅盖，小火慢炖 15 分钟，让大麦熟透软烂。
4. 添加猪血或黑色布丁混合液，边倒边搅，以避免液体凝结（锅中的醋也有助于防止凝结）。再煮 10 分钟，直到混合物开始变稠。
5. 放入红糖，搅拌至完全溶解，然后用盐和胡椒调味即可。
6. 上菜之前，记住把月桂叶从汤中取出。

古代斯巴达的饮食

斯巴达勇士为保家卫国而生。也食人间烟火的他们如何为稻粱谋?

希腊人在饮食上都很放纵自己。在雅典、科林斯和底比斯，人们纵情豪饮葡萄酒，享用大量的肉、鱼和蔬菜。不过斯巴达是个例外。他们对食物的态度是彻头彻尾的，嗯，斯巴达式的。

虽然大多数希腊人喜欢饕餮盛宴，但斯巴达人的饮食却更加返璞归真，几乎每一种食物都来自当地，从不浪费。猎人们打回野猪和野兔，农民们则放养成群的猪、绵羊和山羊。当地种植蔬菜和谷物，还有无花果等新鲜水果。斯巴达能实现自给自足，并为此感到自豪。毕竟，一个军事城邦怎么能依赖外界供给食物呢?

在斯巴达，一切都张弛有度，从不酒池肉林，暴饮暴食为斯巴达人所不齿。饮食的意义在于强身健体，而不是为了纵欲享乐。肥胖的斯巴达人会在大庭广众之下受到冷嘲热讽，有时甚至被远逐他乡。葡萄酒的饮用也不能随心所欲。虽然它很受欢迎，成为佐餐的饮品，却被大量兑水以免让人醉酒。

就勇士们而言，军营食堂里发放的是微薄的口粮，通常只有黑麦面包、奶酪和腌肉。聚餐则在公共场所举行，由斯巴达公民每月强制性捐助。

配料

肉类和鱼类来自城邦周边地区，是斯巴达人的主要食物。种类繁多，从家猪、绵羊到野猪、野兔，不一而足。

谷物

斯巴达人以自给自足而自豪。他们自己种植包括谷物在内的农作物，大麦用来做面包。

水果与蔬菜

水果和蔬菜在斯巴达人饮食中不可或缺。由于温暖的地中海气候，无花果、石榴和葡萄干十分常见。

奶制品

斯巴达农民饲养绵羊和山羊，因此鲜奶供应充足。斯巴达人通常用来制作自己喜欢的奶酪和奶油。

面包

和其他希腊城邦比起来，斯巴达人面包吃得并不多，但面包还是在餐桌上占有一席之地。面包通常用大麦而不是小麦制作，小麦面包是为特殊场合准备的。

葡萄酒

在许多古代文明中，葡萄酒屡见不鲜，但醉酒令人不齿，因此人们往往会向酒中大量掺水。斯巴达人经常强迫奴隶们喝得酩酊大醉，以告诫孩子们远离这种饮料。

古代斯巴达体育

SPORTS IN ANCIENT SPARTA

体育给志存高远的斯巴达人带来欢乐，
让我们一起走进和平时期的斯巴达生活

实际上，军事城邦斯巴达生活的方方面面都是为了一个尚武的目标，即确保自己能够打赢战争。从孩提时起，斯巴达公民就开始了军旅生活，妇女也得健全自身体魄，以养育未来强悍的勇士。

因此，斯巴达人热衷于参加体育运动也就顺理成章、不足为奇了。除帮助他们将自己的身体塑造成完美的战斗机器外，体育运动还能让他们有机会在其他城邦面前大秀肌肉，傲视群雄。虽然战争从未远离，但他们不可能一直在战斗。他们需要一个发泄精力的独特出口。

公元前 776 年举办的首届古代奥运会，为斯巴达人提供了大显身手的完美平台。速度、力量和耐力的较量，对斯巴达人来说简直就是小菜一碟。他们兴致勃勃地参与其中，并创造出了自己的故事和传说。

然而，斯巴达人的运动禀赋并不仅仅体现在竞技体育方面。舞蹈为典礼和仪式的举行奠定了基础，而狩猎则帮助他们强化了在未来战争中发挥作用的能力。任何形式的剧烈体育活动，斯巴达人都能挖掘出它的内在军事价值。

有鉴于此，我们来看看斯巴达人参加的活动。这些活动能体现斯巴达人的娱乐方式和在社会中扮演的角色。

斯巴达人基奥尼斯

斯巴达运动员基奥尼斯（Chionis）活跃于公元前 664—前 656 年。他以非凡的运动才能为自己和城邦赢得了荣誉。

在第 29、30 和 31 届古代奥运会上，他获得立定跳远三连冠；同样是在这 3 年里，他还赢得折返跑（diaulos）和城邦运动项目的 3 次胜利，并在跳远比赛中跳出了 7.05 米的优异成绩。在随后的三级跳远项目中，他也表现不俗，跳出了 15.85 米的记录。

将近 200 年后，他的记录才被人追平，但这已经不重要。作为斯巴达人体魄、荣耀和成就的代表，他已经被载入史册。

搏击，也称“古希腊搏击”

如果你认为综合格斗有点过于绵软，那么古希腊式搏击可能更是你的菜。它是角力和拳击的结合（允许踢腿）。希腊各地都有搏击表演。公元前 648 年成为奥运会比赛项目，在斯巴达格外流行。

“pankration”这个词在希腊语中的字面意思是“全力以赴”。事实证明，这个词用得恰如其分，因为几乎不限定任何招数，除咬人和挖眼外。而在斯巴达，即使这些本来就不严格的规则也形同虚设。

参赛者被称为“搏击手”，在角力场上比赛，全身赤裸，浑身涂油，裁判用一根棍子来执法。只有当一方认输或丧失搏击能力时，比赛才告一段落，没有时间限制。场上骨折稀松平常，死亡也时有发生。

这就是这种搏击术的威力。人们相信斯巴达人接受这种形式的搏击训练，作为在战斗中被解除武装时的后手。据说，在著名的温泉关战役的决战阶段，许多斯巴达勇士的搏击技巧派上了用场。

△ 出土的斯巴达盾牌实物

盾牌之战

与拔河比赛作用力正好相反，盾牌之争通常在两名斯巴达重装步兵之间进行，考验的是彼此的力量和耐力。双方相对而立，比赛的目的是让两名选手用盾牌互相推搡，直到其中一人被推过线。任何时候参赛一方都不允许撤回盾牌后猛击对手。整场比赛的胜利靠的完全是蛮力，而不是其他任何东西。

鉴于这也是对斯巴达勇士耐力和体力的很好考验，因此盾牌之战也纳入了作战计划。盾牌墙是斯巴达善用的一个重要战术。人们认为战士有效使用盾牌的能力不可或缺。

◁ 希腊铜像塑造的搏击

古希腊手球

手球是斯巴达年轻人中流行的一种球类运动，两支队伍通过抛球把对方赶过底线。

波卢克斯（Pollux）对其游戏规则是这样描述的：人数相等的两支球队相对站好，用石片在他们之间划出一条中场线，球放在线上。然后在每队后面分别划出一条底线。发球方把球扔给对手，然后对方又把球抛回来，直到一方将另一方推出底线。

球故意做得很轻，难以掌控，所以也就不能直接扔过对方的底线。比赛时可以用脚，男女皆可参赛。斯巴达的惯常做法是，所有参赛者都必须全裸。

虽然这项运动在斯巴达勇士中并不特别流行，但在妇女和儿童中却司空见惯，充分体现了每个斯巴达人都要尽可能多地参加体育活动的规定。

田径运动

田径项目的发展与斯巴达的历史息息相关。甚至可以说，第一次非官方田径比赛就是在斯巴达举行的。据希罗多德记载，公元前 490 年，菲迪皮茨（Pheidippides）曾从马拉松飞奔 149 英里到斯巴达，传递战胜波斯人的捷报。

作为奥运会的正式参与者，斯巴达人的身影也经常出现在田径项目的赛场上。有些是人们耳熟能详的项目（五项全能运动中的铁饼、标枪和跳远三项），而有些则相对陌生，如疾跑、折返跑和长跑。

疾跑是在体育场上举行的 200 码（约 180 米）短跑项目；折返跑路线较长，约 400 米（由于长度取决于体育场的大小，有些地方的赛程可能会更长），带有折返标志柱；长跑项目可谓名副其实，距离约 4800 米，比赛从体育场开始，然后出场进行周边跑。

舞蹈

作为另一种流行消遣（荷马称斯巴达城邦是“广阔的舞蹈之地”），舞蹈赋予斯巴达人更多的机会在同胞面前展示他们的体魄魅力。

在一年一度的青年裸体竞技节上，未成年人和成年人会表演出征舞蹈，以纪念阿波罗神、阿耳忒弥斯女神和勒托（Leto）女神。斯巴达的所有人都要参加这一公民的成人仪式。

出征舞蹈包括战舞。这种舞蹈整个希腊都在跳，但在斯巴达格外流行。斯巴达人认为战舞是一种初级作战训练，因此儿童也得练习。

体育运动除了满足娱乐需要，女人们还要练习跳舞，强身健体，以便生下强壮的斯巴达宝宝。久而久之，舞蹈便成了一种常见的消遣。

△ 战舞场景

▷ 斯巴达人不打仗时，常常出去打猎

狩猎

斯巴达人不打仗的时候，打猎就变成体面的战争替代品，因为在斯巴达，任何一个不以作战为生的人都会蒙受社会耻辱感。除了出于经济原因，例如为了食物和用动物毛皮做交易（他们会把这类事情交给奴隶去做），像斯巴达社会中的许多活动一样，狩猎也是伟大的体育传统的一部分，其目的是培养拼搏精神，增强公民体质。

猎人们经常需要帮手，无论是马、拉科尼亚猎犬（以狩猎速度和熟练程度见长）、罗克里亚猎犬（特别适合捕猎野猪）还是黑劳士。即便如此，在关键时刻，斯巴达勇士都会单枪匹马地挺身而出，近距离一对一地亲自动手，以养成搏击意识。

野猪经常成为狩猎目标。泰杰托斯山脉中部是海拔最高地区，被认为是能证明斯巴达人勇气的最理想狩猎区。斯巴达每年都会向社会底层的黑劳士宣战一次，允许勇士们把他们当成猎物杀死。

△ 1815 年，法国考古学家卡特勒梅尔 · 德 · 坎西（Quatremère de Quincy）复原菲迪亚斯（Phidias）雕塑的宙斯坐像时，错误地把它置于拱形屋顶之下

古代奥运会

THE ANCIENT OLYMPICS

从节日、运动到赛事、神话，
多角度探究奥运会的起源

从公元前776年到约公元425年，运动员和观众每四年都会涌向希腊南部的一处圣地，参加古代世界极不寻常的一项活动。这是一个纪念希腊众神之王宙斯的节日。他在奥林匹斯山的皑皑雪峰之巅一直统治着北方广袤的疆域。事实上，这处圣地正是以奥林匹亚宙斯的名字命名，人称奥林匹亚。

这个节日的背景并不显赫。早期的参与者主要来自距离圣地不到65公里的伊利斯（Elis），也就是管控该圣地的城邦。8月满月的第二天早晨，人们会唱起赞歌，虔诚祈祷，向宙斯献上公牛祭品，在祭坛上烧掉骨头和脂肪作为牺牲，牛肉留作当天晚宴上的佳肴。

空气中弥漫着令人垂涎欲滴的肉香。在场的许多人需要向东走上一小段路，然后脱得只剩下遮羞布——赤身裸体比赛是公元前720年以后的事儿——在众人围观下，他们又跑回祭坛附近的终点线。这段距离大约180米，这一比赛项目叫作“疾跑”（stade），也就是英文“体育场”（stadium）一词的由来。30秒后比赛结束，公元前776年那年还宣布了获胜者，是当地一位名叫科罗伯斯（Coroebus）的面包师。他是当年唯一的冠军，因为疾跑是当年唯一的比赛项目。古代奥运会由此发端。

这种模式持续了两代人。随着公元前724年其他赛事的引入，这一节日的知名度日益攀升。无巧不成书，这对希腊人来说也是一个新时代的开始。许多陆地城邦纷纷派出整船的公民到外国土地上开辟新的定居点，所到之处从西部的马赛到东部的拜占庭，从利比亚的昔兰尼到阿尔巴尼亚的埃庇达诺斯，不一而足。

随着希腊人足迹遍及海外，希腊保持或创造一种文化身份的需求已成当务之急。公元前5世纪的历史学家希罗多德写道，将希腊人团结在一起的是“血缘、语言、神庙、共同的牺牲以及生活方式的相似性”。他或许还应当加上“争强好胜的民族个性”，因为在《伊利亚特》中阿喀琉斯所获得的忠告激励着几乎每一个希腊人。“Always to be best and surpass all others”这首诗源于公元前8世纪，和奥运会同期，意思是“追求卓越，力拔头筹”。

帕特洛克勒斯（Patroclus）葬礼运动会把《伊利亚特》中讲述的英雄故事推向了高潮。希腊人的想象力长上了翅膀，他们认为自己真正继承了特洛伊战争英雄的衣钵，而葬礼运动会举办地也很快被公认为奥林匹亚。尽管其他与体育有关的节日如雨后春笋般涌现，特别是在特尔斐、科林斯和尼米亚，但奥运会的地位却一直不可撼动。到了公元前6世纪，希腊各地的运动员纷至沓来。公元前5世纪初叶，希腊大陆人成功地击退了波斯人入侵，

“如今的奥运会不仅吸引了运动员，还招徕了各路富翁名流”

◁ 作为搏击这项最残忍项目的狂热参与者，搏击运动员打破了禁止咬人和抠眼的规则

而西西里的希腊人则打败了迦太基人和伊特鲁里亚人。因此，在奥运会上他们献上了诚挚的谢意。

随着奥运会地位的不断提高，奥运会的举办时间也延长到5天。与此同时，通过祭祀和欢宴来展示实力的新机遇，意味着如今的奥运会不仅吸引了运动员，还招徕了各路富翁名流，以及热盼在国际舞台上高光亮相、觥筹交错的国王和政要。许多人热衷于参加战车比赛这一奥运会最昂贵的项目。他们当中有马其顿国王亚历山大一世。很多人认为他的臣民并非纯种希腊人。公元前504年，他把自己的祖先追溯到伯罗奔尼撒城邦阿戈斯，从而成功地证明了自己的参赛资格。差不多一个世纪后的公元前416年，雅典的花花公子政治家亚西比德（Alcibiades）也借

2 世纪的奥林匹亚圣地

冠军运动员雕像在奥林匹亚比比皆是，
最为醒目的是宙斯和赫拉神庙等宗教建筑，还有佩洛普斯坟冢。

力奥运会战车比赛来炫耀自己的财富和权势，派出七辆无可匹敌的战车同场竞技。果不其然，他赢下了比赛。为了庆祝胜利，他设宴款待观众，部分费用由他的支持者埋单，这些腰缠万贯的支持者来自爱琴海希俄斯岛和莱斯博斯岛。

与此同时，随着参与人数剧增，其他人也闻风而至，不仅有希望商品大卖热销的商贾，而且有在宙斯神庙的门廊上朗读《历史》的希罗多德这样的作家；还有错视画发明者宙克西斯（Zeuxis）这样的艺术家，披着带有自己金色名字的斗篷在奥林匹亚飘来荡去；以及颂歌歌者品达（Pindar）这样的诗人，盼望能有获胜的运动员委托他们创作颂歌。

尽管具有远见卓识的演说家伊苏克拉底（Isocrates）利用泛希腊主义的聚会之机，发自内心地呼吁希腊人民在强大的侵略者面前团结一心，同仇敌忾，但他们却充耳不闻，置若罔闻。在公元前338年的喀罗尼亚战役中，马其顿的腓力二世打败了希腊大陆城邦。为了纪念胜利，他在奥林匹亚宙斯妻子赫拉神庙旁建起了他的“腓力圆形神庙”，里面供奉着他本人及家人的雕像。

在罗马帝国统治下，奥运会继续蓬勃发展，尽管有时皇帝可能会对赛事规则做出改变。例如，公元67年，尼禄为了能够参加奥运会，不惜对举办时间进行了调整。他还试图亲自驾驭十马战车参赛来展示自己的实

赫拉神庙

这座公元前 7 世纪的神庙内有一尊古老的赫拉坐姿雕像，宙斯站立一旁，还有镌有奥林匹克休战条款的“伊菲图斯铁饼”。

体育场

观众站在三面环绕的人工土堆上观看比赛。赛道长 180 米，由夯土垫成。

战车竞技场

180 米长的竞技场是一条椭圆形赛道，惊险刺激的马匹和战车比赛就在这里进行。它曾被泛滥的阿尔菲欧斯河裹挟的淤泥所掩埋，直到 2008 年遗址才被重新发现。

宙斯像群

在一排神庙似的宝库的俯瞰下，矗立着由作弊选手缴纳的罚金资助建成的像群。他们的污名永远镌刻在存续至今的基座上。

宾馆

该 73 米见方的宾馆由纳克索斯岛的列奥尼达于公元前 330—前 320 年间建造。这座古老宾馆坐拥一个中央庭院，内有芳香的灌木和喷泉。

议事厅（Bouleuterion）

这是一个由两座半圆形建筑组成的建筑群，居中的是一个中央大厅，正面带有柱廊。奥林匹克委员会在一尊冷峻的誓言之神宙斯雕像下开会。

回声柱廊

这座 90 米长的柱廊始建于公元前 4 世纪中叶。卓越的音响效果使它成为号手比赛项目的理想赛场。

△ 为纪念腓力二世战胜希腊而建的腓力圆形神庙，里面安放着马其顿王室的雕像

力。但一切都没能按计划进行。据他的传记作者苏埃托尼乌斯（Suetonius）记载："他从战车上摔了下来，人们连忙又把他扶上了车，但他无法继续坚持，在结束之前便退出了比赛。即便如此，他还是赢得了胜利者的桂冠。"

最终，基督教还是终结了奥林匹克节，毕竟，这个节日只是为了纪念一位异教之神。公元391年，基督教皇帝狄奥多西（Theodosius）宣布奥运会为非法。虽然古代奥运会又苦苦挣扎了30载，但是到了公元425年，奥运会已化为泡影，不复存在。

所有关于古代奥运会起源的经典叙述，都与神话有着千丝万缕的联系。一些人坚持认为，正是在奥林匹亚，宙斯打败了他的父亲克洛诺斯，接管了众神和凡人的控制权；另一些人则声称，赫拉克勒斯创办第一届奥运会是为了庆祝他杀死当地国王奥吉亚斯（Augeas）。为国王清洗马厩是赫拉克勒斯完成的12项劳役中的一项，承诺付给报酬的奥吉亚斯因食言而惹来杀身之祸。

还有人对奥林匹克节的起源持不同观点。他们认为，奥运会的创始人是佩洛普斯（Pelops），一位来自福西亚（Phocaea，今土耳其福卡）的爱奥尼亚王子。得知富有的希腊国王欧尼摩斯（Oenomaeus）要把女儿希波达米亚（Hippodamia）嫁给在战车比赛中击败自己的人，佩洛普斯决心一试身手。

尽管他的马是海神波塞冬赠送的礼物，

神奇无比，但他也没敢冒险，而是买通了战车技师密耳提罗斯（Myrtilus），让他把奥吉亚斯车轮上的锁销取下来，用蜡质的复制品代替。随着车轮旋转得越来越快，摩擦力使锁销逐渐融化，造成战车垮塌，欧尼摩斯被痛苦地拖拽致死。然而，佩洛普斯并没有兑现他对密耳提罗斯做出的承诺（让密耳提罗斯和希波达米亚共枕同眠），而是把他推下了悬崖。然而，密耳提罗斯的鬼魂始终出没在佩洛普斯的心头，他息事宁人的唯一方法就是举行葬礼运动会，古代奥运会由此诞生。

这三个与奥运创办有关的神话所产生的影响在奥林匹亚都有所体现。雄伟壮观的宙斯神庙雄踞阿尔提斯（Altis），神庙内室熏香缭绕，里面有一尊戴着橄榄冠的坐姿宙斯神像，令人叹为观止，专门为获胜运动员所建，由雅典雕塑家菲迪亚斯在特别建造的现场工作坊中雕刻完成。雕像高12米，缀嵌黄金和象牙，是唯一位于希腊土地上的古代世界七大奇迹之一。美轮美奂的雕像令公元2世纪的斯多葛派哲学家埃皮克提图（Epictetus）都热情洋溢地讲，“苟平生不能一睹宙斯神像之风仪，哀莫大焉”。这尊雕像后来被贪婪的罗马人运到君士坦丁堡，公元462年被大火焚毁。不过，人们仍然可以欣赏到它的伟力——拜占庭的肖像画家以其为模特，把上帝的面孔画成了雕像的模样。

在离宙斯神庙不远的北面，坐落着佩洛普斯的坟冢，节日期间会在这里举行一个隆重的仪式，把黑色公羊奉献给谢世的英雄。据说第一个奉献祭品的赫拉克勒斯，也因为一些朴实无华的事情而受到赞扬。传说多亏他向特别命名的“阿波慕欧斯（驱赶苍蝇之意）的宙斯”献祭，才使得奥林匹亚没有恼人的苍蝇。

观众们有充分的理由心存感激，尤其庆幸的是奥运会在骄阳似火的8月举行。当时的条件非常恶劣。在新月前后的5天里，成千上万的观光客住不起“宾馆”（公元前360年由一位颇有远见的实业家建造），只好搭起帐篷或者露宿街头，没有自来水，更谈不上什么卫生设施。在诸如埃皮克提图这样的人看来，给他们留下持久记忆的是“日晒和污秽……嘈杂、喧闹、推搡、拥挤，人山人海，每个人都专注于做自己的事情”。然而，他也承认：“当你亲眼看见这光怪陆离的美妙场景时，我想你会乐意忍受面前的一切。”

在这个纪念仙逝英雄和众神之王宙斯的男性宗教节日上，除女祭司得墨忒耳之外，女性都被禁止参加奥运会，不过，在奥林匹亚会同步举行四年一次的纪念女神赫拉的女性节日。性别不是唯一的限制。任何被定罪的杀人犯都不得参加，除非他们首先经历一个冗长的净化仪式；所有参与者都必须能说一口流利的希腊语。从理论上讲，任何自由人，不论其社会地位如何，都可以参加。实际上，极尽炫耀之能事的亚西比德拒绝参加任何比赛,因为这将意味着要与低阶层的人同场比拼，但战车比赛不在其例，因为这是富人的专利。

还有一个限制条件就是年龄。未成年的男孩可以参加的比赛有几项，比如拳击、角力和疾跑（公元前628年那年还可以参加五项全能比赛），其余项目的参赛运动员必须是20岁以上的成年人。在奥运会开始前一个月,所有参赛选手都必须齐聚首倡城邦伊利斯，在希腊裁判的严格监督下进行赛前训练并参加预选赛，最终确定谁应该参加哪个项目的角逐。

在此期间，也将决定年龄组别，因为没有年龄证明文件，划分起来就非常敏感，有时还会引起争议。公元前468年，埃伊纳岛的费里亚斯（Pherias）因为看起来太年轻而被禁止参加男子角力比赛；另一位参赛者、罗得岛的尼卡西洛斯（Nicasylos）长得虎背熊腰，尽管只有18岁，却被要求参加成年男子的角力比赛。他赢下了比赛，而且一路捷报频传，但毕竟比赛太过残酷，年轻的他便命归黄泉。

引起浓厚兴趣和饱受争议的项目还是接触式运动。其中最著名的运动员当数角力手米洛。在20多年间，他曾连续5次摘得奥运会桂冠。关于他的神力故事不胜枚举。当邻近城邦袭击他的家乡、意大利南部的克罗顿（Croton）时，米洛身披狮子皮大步流星冲出来，挥舞着棍子迎战。入侵者相信他是赫拉克勒斯转世，于是作鸟兽散。

就连摔跤手米洛的死都如此非同凡响。公元2世纪的旅行作家保塞尼亚斯（Pausanias）写道：“在克罗顿的某个地方，他遇到一棵被劈开的干柴树，用楔子撑着。米洛想把手伸进树里拽出楔子，但楔子突然飞了出去，他的手被裂开的缝隙紧紧夹住难以脱身。后来，狼群发现了他。这些野兽经常在克罗顿地区出没……”

但首先让奥运会声名狼藉的是一名拳击手。所有参赛者都要集中在奥林匹克委员会议事厅内，面对一头野猪的尸体宣誓不会作弊。然而，在公元前388年，色萨利的尤波卢斯（Eupolus）被人发现贿赂了3个对手。希腊裁判对这4个人都处以重罚，并用这笔罚金在通往体育场的途中树立了4座宙斯雕像，即所谓的宙斯像群，上面刻有铭文，将欺世盗名者永镌于石，遗臭万年。时至今日，仍然可以看到16个这样的宙斯像群的残缺基座。

反之，一个令人梦寐以求的殊荣落到了疾跑冠军的身上。以往，每个城邦每年的年份通常都以其首席执政官的名字命名，这常常会让那些后续编制地区年表的人感到困惑。公元前5世纪末，伊利斯的哲学家希庇亚斯（Hippias）希望能创造出一个普遍适用的纪年体系，于是便发明了一个解决方案。他将公元前776年记为“第一届奥运会元年，伊利斯的科罗伯斯获得疾跑冠军”；公元前772年记为“第二届奥运会元年，伊利斯的安提马科斯（Antimachus）获得疾跑冠军”，以此类推，两届奥运会之间的年份相应记为“第×届奥运会第二年、第三年和第四年”。人们接受了他的纪年体系。这样，自第一届奥运会起，希腊人便开始了新的历史纪元。于是，奥运会疾跑冠军和他所代表的城邦便在整个希腊语世界中英名永存。

虽然疾跑是第一个比赛项目，但在公元前724年推出了折返跑之后，其他项目迅速跟进。主要分为三种类型。第一种是赛跑：疾跑、折返跑、长跑（4.5公里）和身穿盔甲的疾跑；第二种是力量型竞技：拳击、角力、搏击（野蛮拳击和赤手空拳打斗的致命结合）以及标枪和铁饼；第三种是马术运动：赛马和2匹、4匹、10匹马拉战车比赛，以及骡车比赛。

此外，还有力量与速度相结合的五项全能比赛。就这些奥运会比赛项目而言，有些（如赛跑）和奥运会结下了不解之缘，而有些（如骡车比赛）则悄悄地被淘汰出局。

与在特尔斐为纪念阿波罗举行的皮提亚竞技会或在雅典举行的泛雅典艺术节等其他国际活动不同，奥运会不包含任何正规的文化或艺术元素，但有两个奇怪的比赛与体育实力没有什么关联。公元前396年，号手比赛和传令比赛列入奥运会项目。自从体育场搬迁到宙斯神庙以东80多米远的地方后，他们在新建的柱廊中找到了理想的赛场，人们所称的“柱廊回声”的声学特性使任何声音的回响都不少于7次。于是，这两项赛事便开始走红。

一个因缺席而引人注目的项目是马拉松。它的灵感来自古希腊的一项运动壮举。公元前490年，赛跑健将菲迪皮茨把希腊战胜波斯人的捷报从马拉松传到雅典，全程逾46公里。1896年，第一届现代奥运会设立了这个项目。比赛没在奥林匹亚而是在骄傲独立的希腊新首都雅典举行。

这标志着现代奥林匹克时代的到来。在很大程度上讲，古希腊祖先们已经无法辨认出这个世俗活动，尤其是它的精神特质。以前的运动员总是努力做到最好，而现今，正如法国国际体育活动家、现代奥林匹克运动发起人顾拜旦所宣称的那样：“在人的一生中，重要的不是胜利，而是参与；关键的不是凯旋，而是拼搏。”

▷ 雕刻展示了一些最早的奥运会项目

战时斯巴达
SPARTA AT WAR

斯巴达之怒

THE WRATH OF SPARTA

凭借城邦一己之力，
如何击退世界上最强大的军事力量

假设你的祖国遭受侵略，你该当如何？毋庸置疑，这点自不待言。可倘若你的祖国遭到世上最强大军事力量的攻击，你又当如何？嗯，如果你们是斯巴达人，来自全希腊最爱战争、残忍无度、凶猛至极的城邦，那么你们会英勇战斗，直到只剩最后一个人。公元前 480 年，斯巴达国王列奥尼达一世正是这么做的。尽管在战斗中惨遭败绩，但他还是以自由之躯仆倒在自己祖国的热土上，最终把波斯人永远地赶出了希腊。

波斯第二次入侵希腊系第一次惨败所致。公元前 490 年，当时的波斯国王大流士一世（Darius Ⅰ）征服雅典和埃雷特里亚城邦的美梦，在马拉松一役中无情地破碎。事实上，尽管波斯出动了 30 余万人的军队来进攻希腊这一西方之敌，大流士本人也第一次插手帝国扩张，但希腊的大部分地区（当然主要是大陆）仍然牢牢地控制在希腊人手中。然而，失败的消息并未能动摇他的意志，他开始为更大规模的第二次入侵做准备。

遗憾的是，虽然大流士踌躇满志，但已经力不从心，4 年后的公元前 486 年，大流士在出征大会上撒手人寰。世界上最大帝国的控制权落入其子薛西斯一世之手。6 年后，他开始着手实现父王未竟的事业。薛西斯一世把父王过早离世的部分原因归咎于希腊人。他从自己庞大的帝国中抽调出最优秀的战士，其中包括有史以来集结规模最大的传奇般的精锐之师波斯长生军。薛西斯一世亲率这支比父王军队多出一倍的武装力量扬帆起航。

公元前 480 年 8 月的温泉关战役可能并不是波斯帝国第二次入侵希腊的转折点，但它无疑表明波斯国王薛西斯一世最终不得不放弃对希腊的征服计划，铩羽而归返回亚洲。希腊各独立城邦联合起来，同仇敌忾，为国而战，真正体现了军队人数并不能左右一切，策略与思想才是决定战争胜负的关键。

提及数字，严肃地讲，根据古代文献，薛西斯一世庞大的波斯侵略军由 100 多万人组成，即便按照现代资料的说法，这支部队也有数十万之众。他们在希腊马里湾的温泉关海岸通道登陆，图谋洗劫这片土地上的自然资源和人民的财产，甚至想把这个文明古国并入不断扩张、势不可当的波斯帝国的版图。迎击这支浩荡大军的是仅由 1 万多名希腊重装步兵组成的联军。他们是各个城邦筛选出来的精锐勇士。

从表面上看，由于两军力量对比悬殊，战争的结果似乎已在意料之中，但经过 3 天的激烈战斗，情况却并非如想象的那样。列奥尼达率领的希腊军始终掌握着战场主动权。温泉关是一条狭长的沿海通道，从马里湾一直通向希腊内陆。它也是大军能够通过的唯一要道，这一点至关重要。希腊人对此非常清楚，在意识到薛西斯一世将率军在那里登陆后，派遣列奥尼达及其防御部队前往拦截并将敌军挡在温泉关，而雅典海军则出海迎战波斯舰队。

两军的海上遭遇从打响阿提密西安海战开始。雅典将军地米斯托克利部署在阿提密西安海峡对波斯舰队进行战术伏击，这与列奥尼达守卫温泉关有异曲同工之妙，因为此

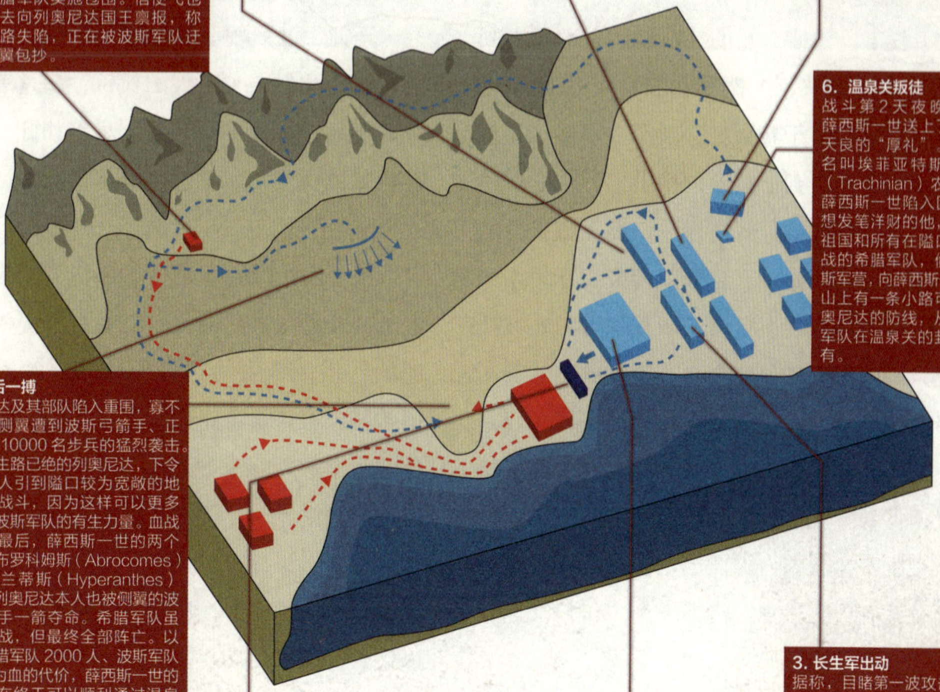

1. 开战

登陆希腊后的第 5 天，希望看到希腊人屈膝投降或望风而逃的薛西斯一世已经等得不耐烦，于是下令准备战斗。他吩咐手下将移动御座安置在视野开阔的地方，以便观察温泉关战场动态。他迅速命令弓箭手向希腊方阵发起攻击。一时间，5000 余名弓箭手乱矢齐发，箭如雨下。然而，列奥尼达的部队毫发无损，金属头盔、胸甲和盾牌让他们与死神擦肩而过。

2. 惨遭屠杀的米底和锡西厄步兵

眼见弓箭手未能撼动希腊军队，波斯国王命令 1 万名米底和西西亚步兵出击，试图生擒列奥尼达，把他带到薛西斯一世面前。这支打头阵的先锋部队与隘口内并肩站成盾牌墙的希腊军阵撞个满怀。由巨大盾牌相互交错构成的铜墙铁壁抵挡住了敌军的冲击，凶猛异常、装备精良、训练有素的希腊勇士很快便把入侵者杀得片甲不留。

3. 长生军出动

据称，目睹第一波攻击惨遭屠戮，薛西斯一世至少从御座上站起来 3 次。以暴戾无常闻名的薛西斯一世很快决定使出撒手锏“长生军”。长生军有 1 万之众，盛怒之下的薛西斯一世让他们倾巢出动，全部投入第二次对希腊方阵的正面进攻。然而，与米底人和锡西厄人一样，长生军的英名立刻遭到了致命的挑战，他们在激烈的肉搏战中纷纷倒毙。

4. 波斯人怒不可遏

尽管在第 1 天的战斗中，希腊士兵阵亡极少，而波斯军队却损失了成千上万，但薛西斯一世认为，希腊这一小股部队将无法继续抵御第 2 天的正面进攻，因为他们已成损兵折将的疲惫之师。然而，他想错了。在对希腊阵地再次发起正面攻击、看到数千名士兵纷纷倒下后，他勃然大怒，命令庞大的重骑兵部队投入进攻。

5. 骑兵冲锋

第 2 天，重骑兵投入战斗，打了整整一天，数千名波斯人和数百名希腊人阵亡。列奥尼达通过交替轮换盾墙前沿士兵来降低伤亡，确保那些与波斯军交手的人始终保持旺盛的战斗力。一系列佯装撤退的行动也极大地蚕食了波斯骑兵和步兵。截至第 2 日战事结束，温泉关仍在希腊人控制之下，而薛西斯一世大军则死死地困在了希腊大陆的海岸线上。

6. 温泉关叛徒

战斗第 2 天夜晚，有人给薛西斯一世送上了一份丧尽天良的“厚礼”。当地一个名叫埃菲亚特斯的特拉奇（Trachinian）农民注意到薛西斯一世陷入困境。一心想发笔洋财的他，决意背叛祖国和所有在隘口和海上作战的希腊军队，偷偷溜进波斯军营，向薛西斯一世告密称，山上有一条小路可以绕过列奥尼达的防线，从而让希腊军队在温泉关的封锁化为乌有。

7. 派遣海达恩斯

大喜过望的薛西斯一世让埃菲亚特斯带路，由幸存的前线指挥官海达尼斯（Hydarnes）率领 20000 人向这条山路直插而去。这条小路从波斯营地东侧沿着阿诺帕亚山的山脊，一直延伸到列奥尼达所在的隘口两侧的悬崖后面。

8. 福基斯人向列奥尼达报告

列奥尼达知道这个偏僻的岔道，让一小股福基斯人部队留守。战斗第 3 天拂晓，福基斯人惊梦乍醒——波斯人不知如何发现了这条小路，重兵正在对希腊军队实施包围。信使飞也似的跑去向列奥尼达国王禀报，称后山小路失陷，正在被波斯军队迂回从侧翼包抄。

9. 最后一搏

列奥尼达及其部队陷入重围，寡不敌众，侧翼遭到波斯弓箭手、正面遭到 10000 名步兵的猛烈袭击。意识到生路已绝的列奥尼达，下令把波斯人引到隘口较为宽敞的地带继续战斗，因为这样可以更多地消灭波斯军队的有生力量。血战进行到最后，薛西斯一世的两个兄弟阿布罗科姆斯（Abrocomes）和海普兰蒂斯（Hyperanthes）被杀，列奥尼达本人也被侧翼的波斯弓箭手一箭夺命。希腊军队虽奋勇作战，但最终全部阵亡。以牺牲希腊军队 2000 人、波斯军队 2 万人为血的代价，薛西斯一世的大军现在终于可以顺利通过温泉关了。

“希腊各个城邦同仇敌忾，表明军队人数并不是决定战争胜负的关键”

举将使希腊海军270艘战舰的威力在敌众我寡的对决中成倍地提高。事实上，波斯军队的陆上人数远超希腊人，海上人数也盖过希腊人，他们的舰队共有船只800多艘。其实，当薛西斯一世启航前往希腊时，舰只总数原本超过1200艘，然而因在麦格尼西亚海岸遭遇猛烈风暴，舰队规模锐减三分之一，数以千计的波斯人葬身海底。

夏末，精疲力竭的波斯舰队残部抵近阿提密西安海峡，虽然损兵折将，樯倾楫摧，但兵力仍四倍于希腊城邦联军，虽然在径直驶入海峡后遭到了猛烈的伏击，但他们对胜利仍然抱定信心。就这样，一场亘古未有的史诗级海战开始了。起初，希腊海军运用的综合战术，比如用新颖的新月阵形阻止波斯舰只的侧翼机动，加之出其不意的突然袭击，极大地制约了波斯人海上优势的发挥，以最小的代价击沉了30艘波斯舰船。战斗和马格尼西风暴造成的损失，让波斯舰队幸存的舰只根本不在状态，因此第二天的战斗在一开始并没有什么进展。波斯人为了维修战船不得不暂时后退。

第二天下午，希腊海军利用这一平静期，追击一支波斯巡逻舰队，将其彻底摧毁。吃了败仗的消息不胫而走，迅速传遍波斯舰队。遭受挫败的波斯人恼羞成怒，迅速调整到最佳临战状态，在海战的第3天上午，拼死拼活地向希腊舰队反扑过来，数百艘舰只以对抗半圆形编队的阵形冲入希腊海军防线。

波斯水兵现在可以随心所欲地展示他们高超的航海技术，很快就开始掌控了局面，熊熊燃起的大火让希腊和波斯舰队都蒙受了惨重损失。

整个第3天，火势越烧越旺，纵有千般战术也都无济于事，海上的混战持续到天黑，200多艘波斯战船和100艘希腊战船沦为海神波塞冬的祭品。

至此，波斯舰队业已遭到重创，但希腊海军也为此付出了巨大的代价，超过三分之一的舰只在海战中被摧毁。尽管如此，海峡已经被成功控制，就像列奥尼达扼住温泉关一样。

按下海上疲惫不堪的希腊海军不表，陆上的一场恶战即将展开。就像在阿提密西安海峡一样，希腊的陆上作战计划并不复杂，但希腊人希望会奏奇效。只要迫使薛西斯一世的大军进入狭窄的通道，波斯的兵力优势就可能丧失殆尽，同时只能有一支队伍与希腊人交手。果然不出所料，这一战术极大地增强了希腊军队的防御能力，催生出了有史以来最为著名的防御战之一，希腊方面仅损失2000人，而波斯军队则有数万人阵亡。

列奥尼达手下的斯巴达精锐勇士让敌方吃尽了苦头，不可小觑。他们是希腊战士中最为坚韧不拔、军事素养最好、战斗最为英勇的一批。作为希腊盾墙的先锋，这些斯巴达人怀着毕生仇恨、一腔热血，抱定粉身碎骨的决心，用冥府中小鬼般的动作，对着波

斯人的身体一通刺、砍、劈、撕，为入侵者洞开了通往地狱之门。直面这堵仇恨之墙的波斯人，不仅被扼制住，还被彻底消灭。他们的尸体堆成了一道怪诞丑陋的屏障，挡住了波斯大军前进的脚步。

尽管斯巴达的愤怒得以释放，但对于列奥尼达和由1000名左右希腊人组成的勇敢殿后部队来说，由于勇士国王被自己人所出卖，温泉关战役最终却以全军覆没而告终。然而，国王及其殿后部队的壮举和牺牲，极大地激励了希腊全军将士，团结起离群索居、势不两立的独立城邦，众志成城奋起保卫家园，证明了波斯人并非不可战胜，他们臭名昭著的所谓刀枪不入的精锐长生军，也可以血流成河，号叫着进入阴曹地府。

和列奥尼达主力部队一起撤退的希腊侦察兵，立即把温泉关失守的消息传递给希腊海军以及希腊的每个城邦，导致包括首都雅典在内的许多民众撤离。米斯托克利获悉温泉关沦陷的战报后，迅速下令疏散阿提密西安水域附近的居民。他意识到，丢了温泉关，阿提密西安海峡的防御也于事无补。因此，在阿提密西安海战的第 4 天，希腊海军向北撤退到萨拉米斯海峡，意欲重新集结，重整旗鼓。尽管列奥尼达、斯巴达人和成千上万的希腊勇士为击退波斯人进行了英勇的抗争，但现在看来，他们所有的牺牲注定是徒劳的。然而，正如历史所表明的那样，希腊人可以被打倒，但不会被降服。

温泉关战役之后，薛西斯一世的军队在希腊得寸进尺，甚至攻占并洗劫了雅典，但一个月后，他的舰队被希腊人围困在萨拉米斯海峡，遭到联合攻击后，波斯舰队损伤殆尽，致使薛西斯一世缺人少船，更关键的是，心灰意冷的他丧失了继续征服希腊的意愿，被迫撤回亚洲。波斯国王的军队班师回国后，曾经声势浩大的部队几乎都死于疾病或饥饿，因此，世界上规模最大的入侵最终被击退。

此后，希腊人和波斯人之间又发生了几次战斗，但自东向西的扩张都被死死地挡在温泉关之外，而引领抵抗斗争的勇敢城邦斯巴达仍然是一座熠熠生辉的灯塔，向世人证明，理想的实现寓于永不言败的追求之中。

波斯长生军装备一瞥

短弓

一件普通斯巴达战士根本用不到的武器。长生军身背短弓和箭袋。这使他们能灵活转变战斗半径，眨眼之间便可从近身肉搏切换到远距射杀。

鳞甲

长生军穿披鳞甲，外罩长袍。鳞甲由一系列互相连接在一起的铁片缀在布料和皮革之上。它能提供适度保护，也可以保障作战灵活性。

柳条盾牌

长生军使用柳条做成的椭圆形盾牌。总的来说，它们的保护作用逊色于希腊盾牌，尽管仍然可以构成可怕的防御屏障，但只要足够锋利的矛头便可将其一分为二。军官携带的盾牌通常镶有银边或金边。

头巾

与希腊战士在温泉关佩戴的坚固金属头盔不同，波斯长生军戴的是冠状头巾，由布料和毛毡制成，可以向下拉遮住面部，以防止在战场或干旱地区被灰尘蒙蔽视线。

匕首

当矛或弓派不上用场时，长生军喜欢使用大匕首胜过短剑。匕首挂在长袍腰部，弯度很大，手柄通常装饰华丽。军官用匕首的手柄往往会镶嵌贵重的金属或珠宝。

短矛

与在温泉关迎击的斯巴达战士所持的长矛不同，长生军用的矛要短得多。这是他们的主要武器。每柄矛末端都用白银或黄金配重来区分等级。矛身短小增强了机动性，但缩短了有效作战半径。

传统束缚

那么，为什么只有 300 名斯巴达勇士出征迎敌呢？为什么斯巴达没有倾城而出？答案就是卡尔涅亚祭（Carneia）。这是斯巴达人一年一度的宗教和文化节日，节日期间禁止出军抗敌。

联合希腊盟友

别让美国弗兰克·米勒的漫画《三百勇士》或者扎克·斯奈德（Zack Snyder）的同名电影蒙骗了你。尽管确有 300 名斯巴达勇士守卫温泉关，但他们不是孤军作战。事实上，还有大约 7000 名来自塞斯比阿、底比斯、迈锡尼和科林斯等地的战士与他们并肩战斗。

预言与安排

在动身离开斯巴达之前，列奥尼达国王咨询了神谕，得到的答复是他将死于温泉关。国王遵从自己的命运，但拒绝在命运面前畏缩不前。他从有儿子的王室保镖中挑选出 300 人，以便他们为国捐躯后有人能来传宗接代。

披挂上阵

事实上，在温泉关迎战波斯军队的斯巴达勇士并不是披着斗篷赤膊上阵。他们应该身着传统盔甲和羽状头盔。近距离观察，斯巴达盔甲几乎无法与其他希腊城邦的盔甲区分开来。

人多势众

虽然希腊历史学家希罗多德认为薛西斯一世指挥的军队超过 250 万人，但这个数字更可能是在 7 万～ 30 万之间。这支军队来自整个波斯帝国，其中包括精英部队长生军。

温泉关战役

希腊温泉关，公元前480年

300名身经百战的斯巴达勇士抗击波斯帝国全军的战斗，理所当然地成为经久不衰的传奇和舞台、银幕、文学及艺术作品中流芳百世的主题。事实上，可以把这次抗击称之为一场“战役”。鉴于战场人数一边倒的局面，你就知道希腊勇士们是何等英勇善战。公元前499—前449年，波斯阿契美尼德帝国和希腊自由城邦之间爆发了一系列摩擦，温泉关战役便是希波战争众多冲突中的一例。

波斯帝国大约在公元前6世纪中期崛起，在亚洲、欧洲和地中海地区的扩张呈指数级增长。最终，它的目光落在了支离破碎的希腊城邦身上。公元前550年，由居鲁士大帝（Cyrus the Great）建立的阿契美尼德帝国（亦称波斯第一帝国）成为古代世界最大的帝国。其令人印象深刻的军队随着新领土的扩张而不断壮大。

在波斯人看来，希腊一直是一个无暇顾及的遥远公国，但双方之间的政治误解为日后战争和入侵埋下了伏笔。波斯君主大流士国王要求每一个已知的国家都要向其敬献水和土，作为臣服的象征，并派遣特使纵横波斯帝国内外专程予以收集。希腊人接待了一位这样的使者，以为他是来撮合与波斯结盟的，于是便做出了适当的回应，及时送他回到其主公那里。

当这一消息传到雅典议会（监督雅典社会运行的政府机构）时，急于维护自身独立的雅典人立即与希腊的态度划清了界限。闻听雅典拒绝承认波斯主权，波斯君主马上派遣舰队前往，镇压犯上作乱的叛军。

这场冲突对大流士来说不啻一场灾难。公元前490年，他的军队在马拉松战役中惨败给希腊人，4年后国王驾崩，其子薛西斯一世决定继续战斗。他花了4年时间整编起一支强大的军队，足以征服整个希腊和目中无人的雅典人。

雅典人清楚威力无比的波斯战锤终究会砸到自己头上，因此，公元前482年，他们制订了一项计划，打造一支庞大的舰队来抗击波斯的海上进攻。然而，雅典意识到自己不能同时在海上和陆上双线作战，因此便寻求与曾经拒绝波斯觊觎的希腊城邦斯巴达结成某种意义上的联盟。

斯巴达人生性倔强，从小就接受军事训练，是天生的斗士，英勇善战。尽管两个城邦的人民在文化和政治上存在分歧，但他们还是同意结盟。

盟军很快获悉，据说兵力在7万~30万之间的薛西斯一世的军队将通过温泉关狭窄的南部通道。他们制订的作战计划是，把波斯人像漏斗一样赶进隘口，让他们血流成河，然后将他们永远驱离希腊的土地。

Λ

希腊城邦

军队：7000 人
骑兵：0 人

国王列奥尼达一世
主将

普鲁塔克称，这位令人望而生畏的斯巴达统帅在战斗中喊出了一句霸气十足的话：“今晚，我们在地狱会餐！”

长处：超级步兵战术；训练有素；善于运用方阵。

不足：卡尔涅亚祭期间，禁止斯巴达人参战，因此只能派出 300 人。

塞斯比阿军队
群体

塞斯比阿国王德谟菲勒斯（Demophilus）率领 700 名部下支援温泉关的斯巴达人。

长处：塞斯比阿人是斯巴达城邦的铁杆盟友，与斯巴达人合作得很好。

不足：德谟菲勒斯和列奥尼达一样，在温泉关身先士卒，因此从一开始就不堪一击。

方阵
防御利器

这种战术（后被罗马人效仿）使希腊人创造出了一个由重叠的盾牌和长矛组成的无法洞穿的“盒子”。

长处：能够抵御弓箭手齐射，挡回步兵和骑兵。

不足：移动缓慢，易于被骑兵围攻。

波斯阿契美尼德帝国

军队：7 万～30 万人
骑兵：1.4 万～6 万人

波斯薛西斯一世
统帅

薛西斯一世的穷兵黩武源于一个预言式梦境，敦促他与桀骜不驯的希腊人开战。

长处：数量庞大，兵种齐全，包括骑兵和长生军。

不足：温泉关隘口狭窄，令浩荡的波斯大军举步维艰。

长生军
群体

长生军是薛西斯一世的精锐卫戍部队，擅长近身格斗和射箭术。

长处：根据希罗多德的说法，长生军多达 1 万人。

不足：战斗时只披布衣（不着盔甲），使用柳条盾牌。

复合弓
主要兵器

一种流行的远程武器，是波斯人使用的众多弓弩之一。

长处：强度大，射程远。

不足：易于受潮，在潮湿环境中力量不足。

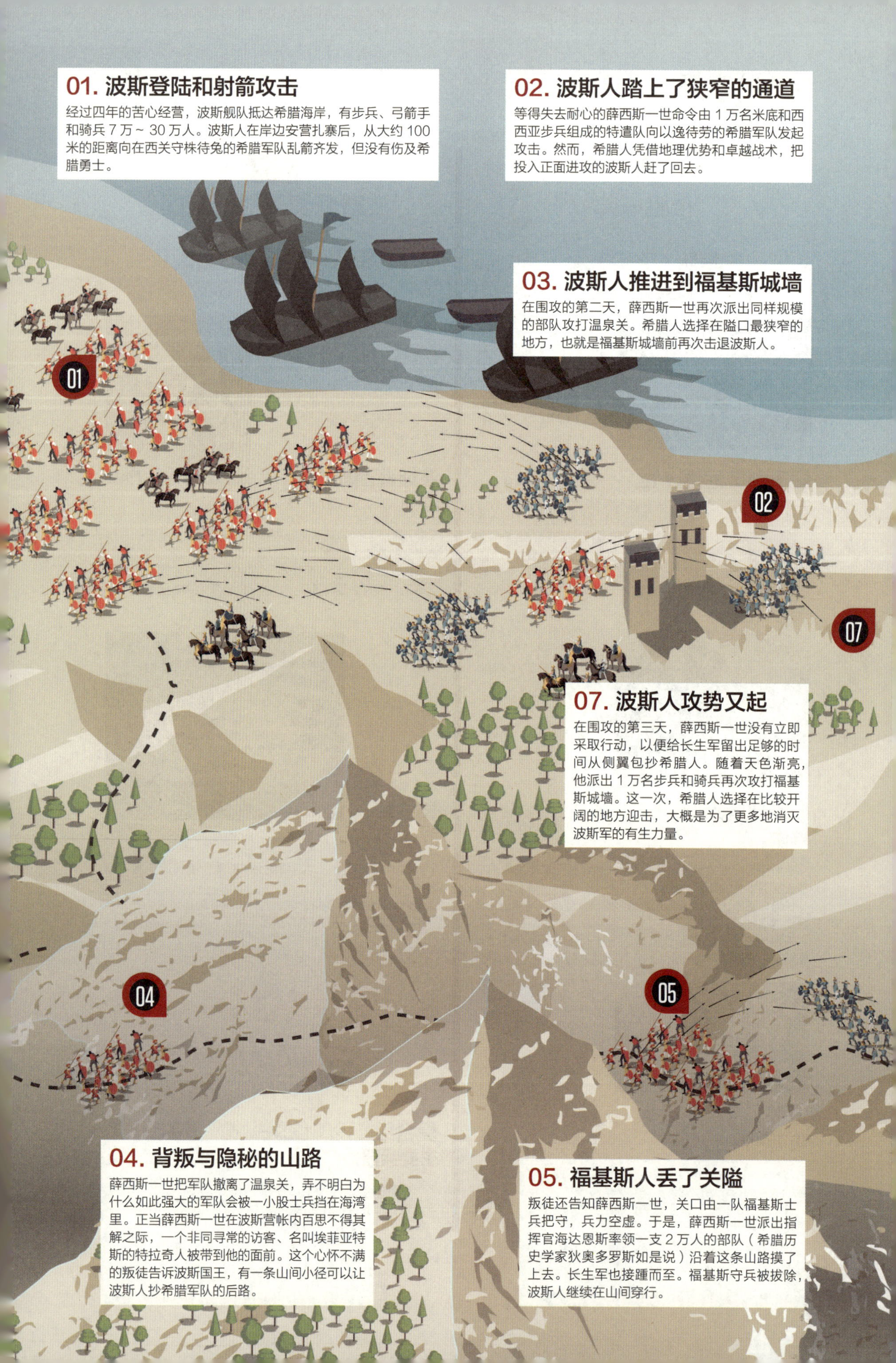

01. 波斯登陆和射箭攻击

经过四年的苦心经营，波斯舰队抵达希腊海岸，有步兵、弓箭手和骑兵 7 万 ~ 30 万人。波斯人在岸边安营扎寨后，从大约 100 米的距离向在西关守株待兔的希腊军队乱箭齐发，但没有伤及希腊勇士。

02. 波斯人踏上了狭窄的通道

等得失去耐心的薛西斯一世命令由 1 万名米底和西西亚步兵组成的特遣队向以逸待劳的希腊军队发起攻击。然而，希腊人凭借地理优势和卓越战术，把投入正面进攻的波斯人赶了回去。

03. 波斯人推进到福基斯城墙

在围攻的第二天，薛西斯一世再次派出同样规模的部队攻打温泉关。希腊人选择在隘口最狭窄的地方，也就是福基斯城墙前再次击退波斯人。

07. 波斯人攻势又起

在围攻的第三天，薛西斯一世没有立即采取行动，以便给长生军留出足够的时间从侧翼包抄希腊人。随着天色渐亮，他派出 1 万名步兵和骑兵再次攻打福基斯城墙。这一次，希腊人选择在比较开阔的地方迎击，大概是为了更多地消灭波斯军的有生力量。

04. 背叛与隐秘的山路

薛西斯一世把军队撤离了温泉关，弄不明白为什么如此强大的军队会被一小股士兵挡在海湾里。正当薛西斯一世在波斯营帐内百思不得其解之际，一个非同寻常的访客、名叫埃菲亚特斯的特拉奇人被带到他的面前。这个心怀不满的叛徒告诉波斯国王，有一条山间小径可以让波斯人抄希腊军队的后路。

05. 福基斯人丢了关隘

叛徒还告知薛西斯一世，关口由一队福基斯士兵把守，兵力空虚。于是，薛西斯一世派出指挥官海达恩斯率领一支 2 万人的部队（希腊历史学家狄奥多罗斯如是说）沿着这条山路摸了上去。长生军也接踵而至。福基斯守兵被拔除，波斯人继续在山间穿行。

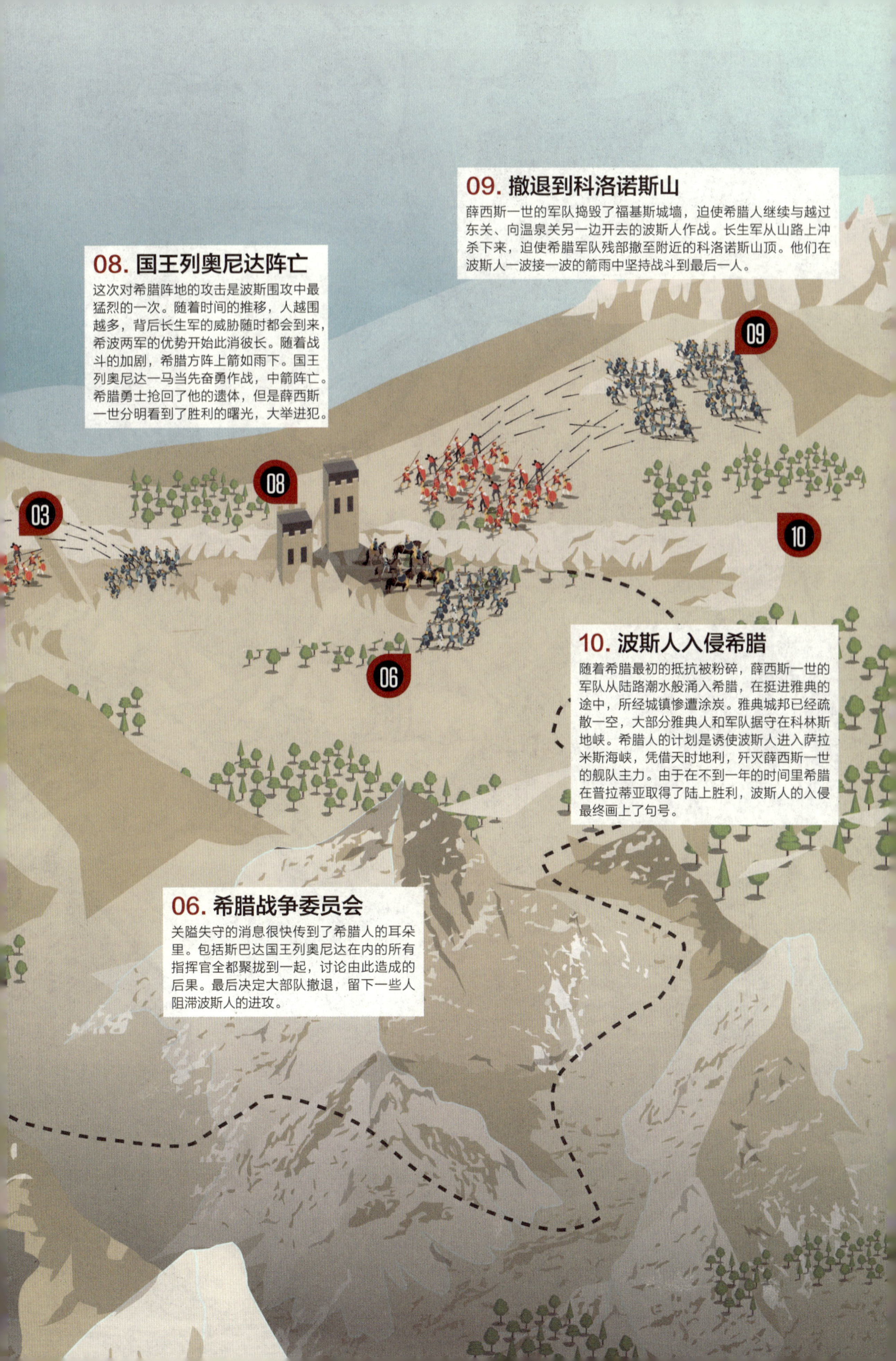

06. 希腊战争委员会

关隘失守的消息很快传到了希腊人的耳朵里。包括斯巴达国王列奥尼达在内的所有指挥官全都聚拢到一起，讨论由此造成的后果。最后决定大部队撤退，留下一些人阻滞波斯人的进攻。

08. 国王列奥尼达阵亡

这次对希腊阵地的攻击是波斯围攻中最猛烈的一次。随着时间的推移，人越围越多，背后长生军的威胁随时都会到来，希波两军的优势开始此消彼长。随着战斗的加剧，希腊方阵上箭如雨下。国王列奥尼达一马当先奋勇作战，中箭阵亡。希腊勇士抢回了他的遗体，但是薛西斯一世分明看到了胜利的曙光，大举进犯。

09. 撤退到科洛诺斯山

薛西斯一世的军队捣毁了福基斯城墙，迫使希腊人继续与越过东关、向温泉关另一边开去的波斯人作战。长生军从山路上冲杀下来，迫使希腊军队残部撤至附近的科洛诺斯山顶。他们在波斯人一波接一波的箭雨中坚持战斗到最后一人。

10. 波斯人入侵希腊

随着希腊最初的抵抗被粉碎，薛西斯一世的军队从陆路潮水般涌入希腊，在挺进雅典的途中，所经城镇惨遭涂炭。雅典城邦已经疏散一空，大部分雅典人和军队据守在科林斯地峡。希腊人的计划是诱使波斯人进入萨拉米斯海峡，凭借天时地利，歼灭薛西斯一世的舰队主力。由于在不到一年的时间里希腊在普拉蒂亚取得了陆上胜利，波斯人的入侵最终画上了句号。

伯罗奔尼撒战争

THE PELOPONNESIAN WAR

在携手抗击波斯入侵之后，
强大的伯罗奔尼撒和雅典同盟之间产生龃龉，
为图谋生存与霸权，几代人深陷战争泥潭

公元前5世纪，希腊城邦遍布爱琴海、巴尔干半岛、西西里岛和安纳托利亚。其核心是雅典和斯巴达，前者拥有最强大的海军，后者拥有最凶猛的勇士。公元前6世纪以来，斯巴达由两位国王、长老会和5位监督官统治，领导着希腊南部伯罗奔尼撒邻邦政体联盟。另一方面，雅典是一个民主政体，由500人议会统治，负责起草和审查议案，供全体男性公民投票。

公元前480年，波斯入侵，希腊各个城邦结成了防御联盟并将侵略者赶走。之后，随着斯巴达及其盟国返回伯罗奔尼撒半岛，雅典人瞄准时机决定把新团结起来的150个城邦归由自己领导，建立了提洛同盟，而与斯巴达结盟的政体，如墨伽拉、科林斯和底比斯，一般由自治寡头统治，雅典则将它们贬为附庸国。

致力于报复波斯人的提洛同盟变得像一个雅典帝国，其成员向中央金库提供资金，用作维持舰队和船员。随着小麦从乌克兰涌入，鲜鱼从黑海运来，这种同盟之举使得雅典比以往任何时候都更加兴旺繁荣。雅典的财富通过其心脏地带阿提卡所建的宏伟建筑工程体现出来，比如环绕防卫森严的比雷埃夫斯港坚不可摧的长墙。斯巴达反对修建这些墙，但遭到了无视，令斯巴达人感到“痛苦万分”。

公元前465年，当斯巴达庞大的奴隶阶层黑劳士爆发起义时，雅典派出军队帮助平叛，结果却被要求离开。这次闭门羹导致一个新的反斯巴达政权崛起，后来竟与斯巴达死敌阿戈斯结为盟友。公元前459年，因与伯罗奔尼撒联盟成员科林斯发生边界纠纷，斯巴达盟友墨伽拉投靠雅典，紧张局势演变成为全面战争。经过从埃及到西西里岛的15年断断续续的战争之后，墨伽拉重新入伙伯罗奔尼撒联盟，允许斯巴达国王率军进入阿提卡。公元前446年，伯罗奔尼撒联盟和提洛同盟共同签署了为期30年的和平条约，正式将希腊世界一分为二。

然而，公元前433年，当科林斯再次起兵，这次是与海军巨无霸科西拉开战，脆弱的和平受到冲击。雅典不仅派出增援部队援助科西拉，还禁止墨伽拉人进入其港口，促使科林斯敦促斯巴达向盟友伸出援手，“以免背叛自己的挚爱亲朋，让他们与自己的死敌结盟”。尽管斯巴达国王阿希达穆斯（Archidamus）担心与雅典的冲突会“结下世仇”，但他的盟友们却都极力主战，声称一定要“解放全希腊”。

公元前431年3月，斯巴达盟友底比斯的300名士兵潜入波奥提亚小城普拉蒂亚。然而，当地居民通过地道战和屋顶石头战，把他们赶了出去，甚至还屠杀了180名底比斯俘虏。这一事件给后来的冲突定下了基调。

“当米蒂利尼最终投降时，雅典人投票决定把该城邦男人斩尽杀绝”

伯里克利

伯罗奔尼撒战争爆发时，雅典十大将领中最具影响力的当数“雅典领袖”“最能言善行”的伯里克利（Pericles）。作为雅典民主制度创始人、民主政策倡导者克利斯提尼（Cleisthenes）的后代，他颇受上层社会和普通民众的青睐，多年连任首席将军。

伯里克利指挥雅典进行了一场非常规的防御战。他只进行雅典人占尽优势的海战，突袭伯罗奔尼撒半岛，借此凸显这是一场斯巴达人根本打不赢的战争，以求迅速在心理上征服敌人，达到立即停火的目的。这位雄辩家在赞颂战争开打第一年的阵亡将士时语重心长地说：“我们深知，幸福需要自由，自由需要勇气，但只有勇气才能驱离战争。”

然而，当斯巴达人把战火烧到阿提卡时，城邦周围已经沦为一片焦土。伯里克利的批评者指责他胆小懦弱，把公元前 430 年暴发的大瘟疫视为神的报应。尽管伯里克利说服雅典人坚持到底，但还是被免职，并因涉嫌贪污而受到谴责。公元前 429 年他又官复原职几个月，但被瘟疫夺走了生命。

△ 曾经为雅典、斯巴达和波斯效过力的亚西比德将军最终逃回了自己的要塞，在莱山德的命令下，被乱箭穿身

G.D.ROWLANDSON

当雅典人匆忙调兵增援时，阿希达穆斯侵入阿提卡，毁坏了那里的庄稼，迫使雅典人把所有妇女儿童迁到城里，把牲畜赶到埃维亚岛。正当雅典人准备做出反制时，一场大瘟疫在他们人满为患的首都不期而至。

尽管疫情肆虐，加之红衣斯巴达人围攻普拉蒂亚，但雅典将军佛米奥（Phormio）还是在科林斯湾取得了重大胜利。面对由47艘斯巴达舰只组成的船头向外的紧密防御圈，佛米奥把他的20艘三层桨战船排成一列纵阵，一个乌龙摆尾把斯巴达战舰围绕起来，越收越紧，直到斯巴达人连桨都划动不了，才最后发动进攻。

当雅典得知盟友米蒂利尼（Mytilene）图谋分裂，并将莱斯博斯岛统一在其治下时，便将其包围了起来。为填补军费开支，雅典迫不及待地提高了整个帝国的进贡等级，新开征200塔伦特（古希腊货币单位）直接税，违抗者格杀勿论。当米蒂利尼最终投降时，雅典人投票决定把该城邦男人斩尽杀绝，将女人孩子卖身为奴。斯巴达人占领普拉蒂亚后，也如法炮制，承诺对公民进行“公平审判”，只处死225个男人，把女人卖身为奴。随后，底比斯人将这里夷为平地。流血事件在科西拉岛上继续上演。寡头执政者和民主主义者之间爆发了内战。修昔底德（Thucydides）将军报告说：“父亲动手杀儿子。男人们从神庙里被拖出来在附近杀掉。”

与此同时，在希腊中部，斯巴达6000名士兵侵入死敌阿戈斯城邦。鉴于寡不敌众，雅典将军德摩斯梯尼（Demosthenes）在驰援阿戈斯首都的途中，让一部分军队在灌木丛里埋伏了5天，并把方阵摆在战场外围。斯

尼西亚斯的和平

尽管斯巴达人在安菲波利斯获胜，但勇敢的布拉西达斯（Brasidas）将军之死给胜利蒙上了阴影。到了公元前421年，经过10年的战争，斯巴达人已经厌倦了流血牺牲。他们的海军已经全军覆没，数百名士兵在阿提卡被扣为人质，加之黑劳士造反浪潮风起云涌以及死灰复燃的阿戈斯威胁，再打下去也只能空手而归。

与此同时，雅典人在迪利姆遭受了重大损失，饱受瘟疫蹂躏，整个帝国山雨欲来。在雅典备受尊敬的尼西亚斯将军提出的和平倡议没有遭到反对。鉴于他对斯巴达战俘善待有加，被委以与斯巴达谈判的重任。

双方签署了一项50年和平条约，除底比斯保留普拉泰，雅典保留尼萨、索利姆，和阿纳克托里翁外，各自同意归还全部占领地。然而，当按照条约把安菲波利斯归还雅典时，遭到了色雷斯人的断然拒绝。同样，愤愤不平的墨伽拉、伊利斯和波奥提亚不接受这些条款，波奥提亚还拒绝归还雅典囚犯。坚忍不拔的斯巴达人没有被吓倒，反而与雅典人结成了防御同盟，确保人质获释。出师不利的和平协议仅仅存续了8年。当雅典代表其盟友阿戈斯向拉科尼亚发动进攻时，和平正式走进末路。

巴达人突破德摩斯梯尼右翼之际，雅典军队的伏击开始了。他们包抄、围歼了斯巴达人，让他们的将军横尸战场。尽管战败的斯巴达人要求按照惯例给他们留出安全通道，但是，胜券在握的德摩斯梯尼只允许最年长的一批人离开，借此大肆宣传斯巴达人是“背叛者和自私自利之徒”。

公元前425年，斯巴达人在西南部的皮洛斯要塞再遭败绩，420名战士被困斯法克蒂里亚岛。与斯巴达规矩背道而驰，这些幸存者被迫投降。在死亡面前他们选择了耻辱。雅典军队穷追不舍，把战火烧到墨伽拉和波奥提亚。在那里，他们亵渎了阿波罗圣地，占领了基西拉岛和塞提里亚，杀掉了埃伊纳岛上令人憎恨的所有囚犯。

当雅典将军希波克拉底（Hippocrates）带着17000人（苏格拉底也在其中）从波奥提亚的迪利姆堡起程返回首都时，由底比斯将军帕贡达斯（Pagondas）率领的波奥提亚18500人大军奋起反击。帕贡达斯当着雅典人的面质问：“是谁想要到处奴役百姓？除了战斗到底，我们又能如何？”

在随后的战斗中，帕贡达斯首次加强了重装步兵方阵的侧翼，给敌军造成了沉重的打击。在战斗关键时刻，他派出两支骑兵部队从山的两侧迂回过去，突然间从山的另一面杀出，令1000人毙命，这是雅典迄今为止损失最为惨重的一次。之后，波奥提亚人用火焰投掷器把迪利姆城墙外的雅典守卫部队一烧了之。

公元前421年，雅典将军尼西亚斯（Nicias）通过谈判与同样厌战的斯巴达达成了50年的休战协议。但实际上，仅仅过了8年，协议就成了一纸空文，接踵而至的是一场更血腥、更漫长的全面战争。公元前415年征服了独立的米洛斯岛，再度屠杀当地男子并将妇女儿童卖身为奴之后，懊恼的雅典人向西把目光投向了锡拉库萨人称霸的西西里岛。

在塞吉斯塔城邦的力邀下，雅典人派出了一支由134艘三层桨战船组成的庞大舰队，重装步兵多达5100名。然而，由于没有锚地，甚至连饮用水都无处供应，他们被锡拉库萨骑兵击退。雪上加霜的是，当臭名昭著的雅典将军亚西比德因涉嫌在首都故意折断赫耳墨斯雕像的生殖器而被判处死刑时，他叛逃到了斯巴达。蓄着长发的他告诫斯巴达人：“千万不要相信他们只打西西里岛的算盘，整个伯罗奔尼撒的命运都岌岌可危。”

信以为真的斯巴达人向西西里派出由吉利普斯（Gylippus）率领的3000名士兵和200名骑兵。吉利普斯建造了一堵墙，以对抗他们自己的围城工事，进而挫败雅典人，荡平了阿提卡，巩固了该地区的防御。底比斯人洗劫了雅典的中心地带，甚至把当地房子的瓦片和木头都抢掠一空。

在西西里岛，锡拉库萨人听说科林斯人把锚架（木梁）固定在船头上，用它们把雅典舰只撞得支离破碎，于是便如法炮制，在大港依样袭击了雅典舰队。经过数日战斗，锡拉库萨人假装撤退用餐，结果趁雅典人吃饭之际发动了攻击，用标枪船赶走了他们。尽管德摩斯梯尼率领第二支军队赶到，但西西里战役还是以雅典失败而告终。4万雅典人弃船而逃，德摩斯梯尼在企图自杀时被擒获，数千人被砍倒在河水之中。

随着雅典大部分高级将领阵亡，斯巴达

人在希腊中部到处勒索钱财，挟持人质。亚西比德还在爱奥尼亚煽动叛乱，叛乱像野火一样燃遍整个提洛同盟。当希俄斯岛和埃利色雷岛（Erythrae）请求伯罗奔尼撒人帮助驱逐雅典人时，波斯国王大流士二世觉察到了机会。蒂萨弗内斯（Tissaphernes）总督同意资助斯巴达战争，以夺回波斯对希腊的历史占有权。与此同时，由于现金拮据，雅典人动用了他们的应急储备，派出101艘军舰封锁希俄斯。

然而，当埃维亚岛（雅典藏匿牲畜之地）爆发叛乱时，雅典人把注意力转回了国内。这使得斯巴达人有机会乘船前往米利都，用姗姗来迟的波斯资金资助一支军队，在海勒斯滂各地挑起叛乱。业已不受斯巴达人待见、投靠了蒂萨弗内斯总督的亚西比德警告雅典人，如果他们放弃民主，他就会把波斯人带到他们身边。尽管在很大程度上为人所忽视，但他确曾怂恿一个雅典寡头派系暗杀了数十名民主要人，然后手持匕首冲进议事会大厦，

伊哥斯波塔米战役

公元前405年，莱山德先是封锁了海勒斯滂，随后又向博斯普鲁斯海峡逼近。能否击败他的舰队涉及雅典海军的生死存亡。雅典人不失时机地派出一支舰队到他们的塞斯托斯基地，然后沿海勒斯滂航行12英里到达伊哥斯波塔米。这是一个没有港口的小镇，资源太少，无法维持雅典军队的补给。在此，6名雅典将军每天轮番上阵指挥，试图把莱山德拖进一场他无心恋战的战斗。

观摩了4天的对峙后，逃亡的亚西比德从他位于加利波利半岛的要塞走出来，向雅典人谏言，声称两位色雷斯国王已经向他保证予以支持。然而，他们直言不讳地让他走开，称“他们现在才是将军，而不是亚西比德”。

第5天，一名叫斐洛克利（Philocles）的将军试图用30艘船组成的小舰队引诱莱山德出动，然后用大部队进行伏击。然而，斯巴达迅速做出反应，切断并击溃了这支小舰队，随即扑向大舰队。混战之中，斯巴达人几乎摧毁了雅典的所有舰只，只有10艘得以逃脱。这样一来，雅典海军全军覆没，再也没钱重建。他们输掉了这场战争。

◁ 新斯巴达海军上将莱山德与大流士二世之子居鲁士三世成为至交。居鲁士三世把所有资金都归莱山德支配

推翻了五百人议事会。然而，当有人把他们背叛雅典的计划泄露给斯巴达人时，他们立即被五千人议事会所取代。

基齐库斯是雅典人回归民主的纪念之地。在那里，重返希腊的亚西比德帮助雅典人战胜了斯巴达舰队，然后说服叛逆城邦拜占庭的效忠者为他的军队打开城门。雅典人有恃无恐地回绝了斯巴达提出的和平条约，希望借此把波斯人拉到他们一边。然而，当大流士二世派他的儿子居鲁士三世和新斯巴达将军莱山德并肩作战时，雅典人的计划随之泡汤。莱山德的父亲是一位贫穷的斯巴达人，母亲是一名黑劳士，他凭借自己的非凡武功在军队中扶摇直上。两人一拍即合，居鲁士三世把所有资金都交由莱山德支配。这些资金使得斯巴达人把雅典最好的水手招至自己麾下。

亚西比德毫不气馁，率领 80 艘船来到了爱奥尼亚海岸的诺丁姆港，迎战莱山德的 90 艘战舰。在等待斯巴达人上钩一个月之后，他继续前进，留下一名士官负责，简单地指示道：“不要攻击莱山德的船。”可是，他刚一离开，士官就下令发动攻击。可想而知，莱山德不仅摧毁了雅典舰队，而且还歼灭了 3 天后返回的亚西比德率领的船只。这是亚

“这是亚西比德最后的败仗，迫使他再次逃亡”

西比德最后的败仗，迫使他再次逃亡到他在加利波利半岛修建的堡垒。

听说科农（Conon）将军只带着40艘战船逃生后，雅典疯狂地熔化了胜利女神尼姬（Nike）的金像铸造钱币，不出一个月便拼命重建了一支由110艘战船组成的舰队。战船由农民和奴隶担任桨手，奴隶们还获得授予公民权的承诺。值得注意的是，当雅典舰队在阿吉纽西与由120艘舰船组成的斯巴达舰队遭遇时，他们已经集结成了155艘战舰的规模。在随后的战斗中，雅典人将他们的三层桨战船分成三个作战单位，后援舰只和一个岛屿位于阵中心后方，从而使斯巴达人失去了利用船间空隙实施突破战术的机会。结果是雅典取得了决定性胜利。

尽管赢得了迪奥多罗斯所说的“历史上最伟大的希腊人对抗希腊人的海战”，但雅典的胜利却因海军不去救回幸存者和遇难者而蒙上了污点。公民大会上群情激愤，要求所有将领接受审判，最后投票将8名将领处以极刑。

在阿吉纽西海战后，力倦神疲的斯巴达人又向雅典人献上了一份和平祭，但遭到雅典的断然拒绝——这场冲突必须一战到底，必须赢得彻底的胜利。

尽管斯巴达宪法规定海军上将只能享有一次任期，但忧心如焚的斯巴达人还是提名指挥有方的莱山德为海军中将。居鲁士三世任命被召进宫的莱山德为萨迪斯（Sardis）总督，接替自己的职务，让他有权支配所有公共资金，并允许他纳贡。作为回报，他只要求在自己重返雅典之前，莱山德不要攻击雅典人。在居鲁士三世不在的时候，莱山德谋杀了米利都的反波斯精英，并用寡头政治取代了他们的民主。他辩称："狮子皮不够的地方，必须用狐狸皮补上。"鉴于军事上群龙无首，雅典人只能作壁上观，眼见莱山德铲平卡里亚（Caria）和罗得岛；突袭埃伊纳岛和萨拉米斯；封锁海勒斯滂，向战略要地普罗庞提斯推进。

在那里，他在伊哥斯波塔米战役中给雅典人以致命一击，全歼雅典海军。雅典人在胜利之际从来没有心慈手软过——捣毁城池，屠杀百姓，把所有俘虏扔到海里，一而再再而三地砍掉别人的右手。一想到盟友在雅典人手中所遭受的巨大痛苦，斯巴达人就别无选择，只能把4000名雅典囚犯处死。然而，尽管杀人如麻，但急于在包围雅典之前肃清其贸易伙伴的莱山德随后向雅典的盟友开出了公平的条件。他甚至允许雅典驻军和官员返回雅典，因为他清楚这将给这座城邦的资源带来更大压力。

当义愤填膺的底比斯主张"把城市夷为平地，把乡村作为牧场"时，斯巴达人却坚持要求雅典人奉献帝国，移交舰队，拆毁城墙。公元前404年3月，在经历了27年的流血冲突之后，雅典人终于默然接受，结束了战争。当月晚些时候，斯巴达人翩然而至，"他们怀着极大的热情，在长笛女孩的乐声中开始拆除城墙，认为希腊人从此过上了自由的生活"。

胜利为斯巴达人赢得了霸权。他们在雅典扶植了一个由三十暴君组成的傀儡政权。这个短命政权以没收财产和滥杀无辜为特点。公元前403年，三十暴君统治被推翻。10年后，雅典人重建舰队，重修城墙。30年后，雅典重拾许多曾经的盟友，伯罗奔尼撒联盟解体。然而，随着强弩之末的希腊城邦先后变得精疲力竭，他们很快就被共同的敌人马其顿人所征服，只有斯巴达城邦是个例外。

△ 在迪利姆战役中，作为雅典重装步兵的苏格拉底与骑兵及未来的将军亚西比德并肩作战

希腊战舰

三层桨战船：终极战斗机器

公元前 8 世纪，三层桨战船首次投入使用。它是当时最先进的战争利器，机动灵活的设计使其能在海战中发挥最大威力。

希腊人和腓尼基人都把这些船用于军事和贸易目的，其名字源于它有三层桨手分坐船的两侧操桨。三层桨战船在波希战争中发挥了重要作用，成为希腊军事实力的重要象征。到公元前 5 世纪，这些船只开始称霸地中海东部水域。

造船从船体开始。后来，建造者增加了木肋来加固船体。它们用绳索连接到龙骨上绷紧。船壳用软木（松木和冷杉）建造，落叶松用于船的内部，而龙骨则由橡木制成。

水手由 200 人组成，其中包括奋力操船的桨手、海军战队（弓箭手和长矛手）和由舵手指挥的甲板水手。

由于三层桨战船设计用于短程快速行动，因此，晚上会驶进港口，以便水手们收集并储存淡水，为下一段航程做准备。

船只的主要动力来自于桨手，每人一桨。船上设计有两根桅杆，转向由位于船尾的两个大桨控制。三层桨战船的航速可达 6 ~ 8 节；航行距离取决于天气和人力。在理想条件下，桨手可在 7 小时内划行 80 ~ 96 千米。

战术

雅典人的军事行动依赖于近距离作战战术，即撞击和登上敌船。三层桨战船的撞角建在船的前部，是一个巨大金属角。当船发起攻击时，它会撞击船尾，以期破坏敌船的船体。少数海军战队队员会部署在甲板上。他们进可攻退可守，随时准备带着盾牌、长矛和弓箭登上敌船。三层桨战船舰队的作战战术多种多样，包括在攻击敌船尾部之前从侧翼对敌人实施包围。

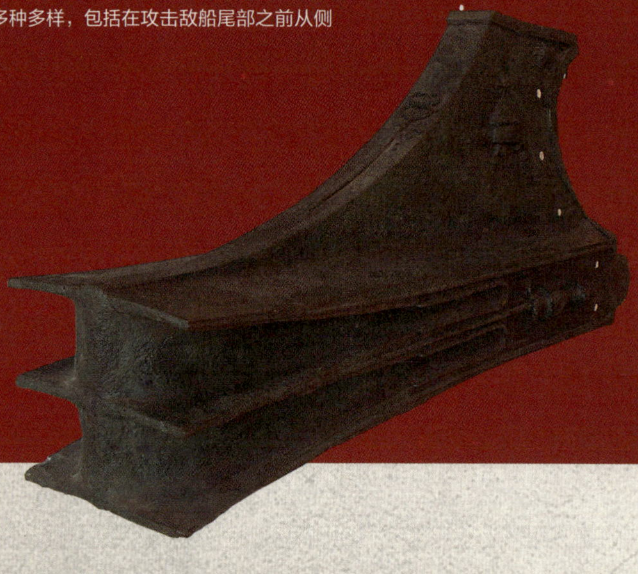

▷ 以色列国家海事博物馆展出的撞角实物

三层桨战船内部

三层桨战船是一种狭长的船只，极不适合人居。作为战船，它并非为长途航行设计，也没有储存大量食物或水的空间。船体设计高度只比水面高出两米，吃水浅，龙骨平，以便水手们每晚把船抬到岸上。

桨手

桨手不是奴隶，而是自由人和雇用的外国人。桨手分成三组。上层桨手（thranitai）位于船只顶部。与下层桨手的条件相比，位置相对舒适。然而，对他们的力量和敏捷度都有更高的要求；中层桨手（zygitai）直接在上层桨手下面划船，只是角度略有不同而已；下层桨手（thalamitai）坐在船只底部逼仄的空间里。这里温度很高。与敌人交战时，这层桨手尤其容易受到攻击。如果桨手被俘，敌人会剁掉他们的拇指甚至双手。此外，如果交战时被困在甲板下方，他们还有溺水的危险。

为什么古人用女性名字命名船只？

说法不一而足，答案莫衷一是。三层桨战船是少数例外，以女神或神话人物命名。希腊人用海仙女的名字，如忒提丝（Thetis）或卡丽丝（Charis），或传说中勇敢的女人的名字，如达那厄或普洛克涅（Prokne）为船命名。在远古时代，船只也会悬挂女性头像以求庇佑。在离港出海之前，人们会向女神祈祷和献祭，保佑一帆风顺，平安归航。清一色由男性组成的船员可能会把他们的船只和女性建立起某种联系，而作为男人之船，是不准女性登临的。

缆绳
缆绳用大麻或纸莎草制成，涂上数层焦油以防潮。
船头
船头上画着一只眼睛，用来驱魔辟邪。
瞭望哨
前甲板设置瞭望兵作为瞭望哨。
撞角
撞角用铜或青铜制成，用来破坏敌舰侧舷。
储存
船上没有太多的空间用来储存大量的食物或水，因此长途航行被限制在最短距离。

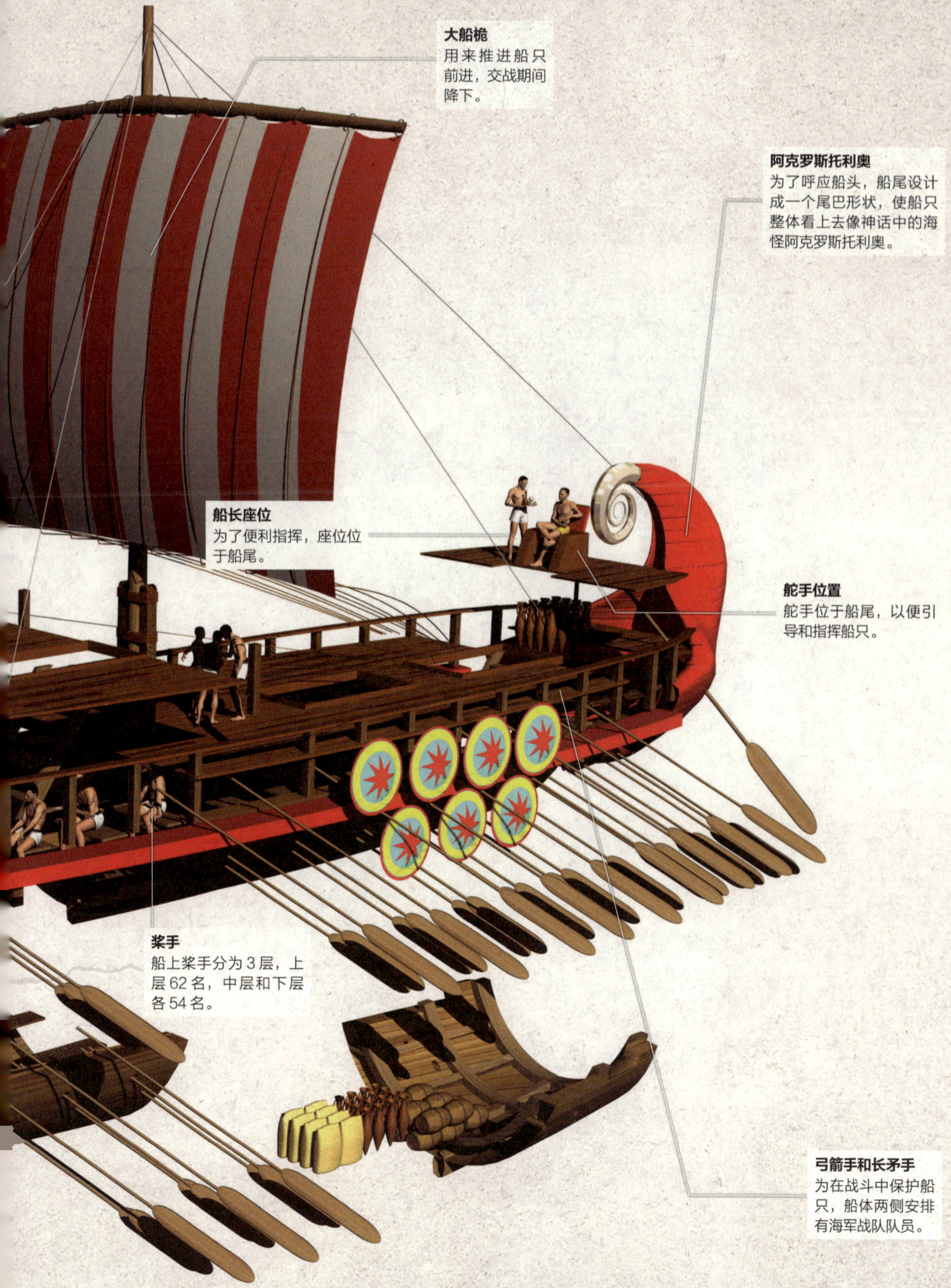
大船桅
用来推进船只前进，交战期间降下。
阿克罗斯托利奥
为了呼应船头，船尾设计成一个尾巴形状，使船只整体看上去像神话中的海怪阿克罗斯托利奥。
船长座位
为了便利指挥，座位位于船尾。
舵手位置
舵手位于船尾，以便引导和指挥船只。
桨手
船上桨手分为3层，上层62名，中层和下层各54名。
弓箭手和长矛手
为在战斗中保护船只，船体两侧安排有海军战队队员。

衰落与遗产
DECLINE & LEGACY

伊巴密浓达：复仇斯巴达

EPAMINONDAS SPARTA'S NEMESIS

底比斯的伊巴密浓达是军事史上最伟大、最具革命精神的指挥官之一，
一天便颠覆了强大的斯巴达

在公元前 371 年的留克特拉战役中，伊巴密浓达率领底比斯方阵以少胜多打败了斯巴达重装步兵军队。底比斯人那天的胜利永远改变了希腊的政治版图。为了这一天的到来，伊巴密浓达掀起了一场军事革命，进而深刻地改变了战争走向。时至今日，他的战略战术一直为人们所研究和仿效，而伊巴密浓达本人说起来仍然是一位神秘和有争议的人物。

序曲

伯罗奔尼撒战争胜利后（公元前 431—前 404 年），斯巴达试图将自己的意志强加给整个希腊，包括波奥提亚平原上的几个城邦，而底比斯自认为是这一地区与生俱来的统治者。尽管一度支持斯巴达对抗过雅典，但底比斯最终还是选边站向雅典，领导反斯巴达城邦联盟在对抗斯巴达的科林斯战争（公元前 395—前 387 年）中颇有斩获。

公元前 387 年，在波斯国王阿尔塔薛西斯二世（Artaxerxes II）力主下，《大王和约》签订，所有希腊城邦都将保持自治。波斯人力挺斯巴达霸权，帮助他们成为希腊的主导力量。

在外部势力的干涉下，斯巴达以和平受到威胁为借口，开始进攻希腊那些本应自治的城邦。公元前 383 年，底比斯发生政变，建立亲斯巴达的寡头政治，并部署了驻军。4 年后，由派洛皮德（Pelopidas）领导的反斯巴达政变推翻了该政权，并重新建立了以波奥提亚为主导的城邦。随后，底比斯通过整合该地区势力，建立了以底比斯为首的城邦联盟，即波奥提亚联盟。底比斯成为反对斯巴达暴政的自由希腊的拥趸。

不久，斯巴达就采取行动准备结束这种抵抗。尽管公元前 371 年举行了谈判，但和约还是无法达成。于是，国王克莱奥姆波洛图斯（Cleombrotus）便率领一支斯巴达 - 伯罗奔尼撒联军向底比斯进发。

英雄横空出世

在底比斯回归自由和统治地位过程中，伊巴密浓达所扮演的角色很难精准定位，部分归因于史料有限。普鲁塔克笔下的伊巴密浓达生平事迹已经不复存在，其他几位学者，特别是色诺芬（Xenophon）所著的《希腊史》是这一时期的扛鼎之作，有失偏颇的论述表现出对底比斯的明显抗拒。学术界对伊巴密浓达的生平评说至今仍分庭抗礼，莫衷一是。

可以明确的是，公元前 371—前 362 年，伊巴密浓达对底比斯的政治、军事和历史来

讲至关重要。大量零星散佚的记载支撑了这一说法。在其他留存至今的文献中也能觅得伊巴密浓达的人生轨迹，比如普鲁塔克的《派洛皮德传》《阿格西劳斯传》以及科尔奈利乌斯·奈波斯（Cornelius Nepos）的《外族名将传》。

伊巴密浓达是推翻底比斯亲斯巴达政府的解放者之一，但色诺芬没有提及，也没有点到起义首领派洛皮德的名字。这凸显了色诺芬论述中存在的问题，尽管他在其他方面的记载是翔实可靠的。人们对色诺芬有关底比斯历史的记述提出严重质疑，因为他对伊巴密浓达、派洛皮德和斯巴达战败的叙述也不可靠。鉴于色诺芬在其所有著述中都是亲斯巴达的，这似乎严重影响了他的判断力。

公元前 371 年，伊巴密浓达是底比斯参加留克特拉战役部队的统帅。显而易见，这时的他已经被推崇为领军者和底比斯最好的演讲家。通过广泛查阅文献，我们可以对伊巴密浓达的情况有一个较为深入的了解。

其父波利姆尼斯（Polymnis）家境贫寒，但家庭出身还算体面。尽管如此，伊巴密浓达和其他底比斯人一样受过教育。我们知道，他从不利用如派洛皮德这样的有钱朋友，对

“伊巴密浓达还钻研哲学，有数名作者将其列入军事哲学家行列，屈尊被誉为西方哲学奠基人的苏格拉底之后”

他们的慷慨接济也一概加以婉拒。时下各个城邦和个人之间流行的行贿之风也未令其所动。他会演奏里尔琴（lyre）、唱歌、跳舞，还学会了田径运动和摔跤。他认为所有这些专长都有军事用途。科尔奈利乌斯·奈波斯在《伊巴密浓达传》中称，伊巴密浓达认为，在战争中光有体力是远远不够的，还必须身手敏捷。波利亚努斯（Polyaenus）后来也讲到，伊巴密浓达鼓励底比斯重装步兵训练摔跤。

科尔奈利乌斯·奈波斯列举了他的许多优秀品质：谨慎、认真、热爱真理、自制、和善。事实上，奈波斯关于伊巴密浓达的溢美之词俯拾皆是，令人不得不怀疑他的这种叙事是在捉刀颂文。伊巴密浓达还钻研哲学，有数名作者将其列入军事哲学家行列，屈居被誉为西方哲学奠基人的苏格拉底之后。

有关伊巴密浓达最早的记述，是公元前385年他在曼提尼亚战役中拯救战友和朋友派洛皮德。这与苏格拉底在波提狄亚（Potidaea）战役中挽救亚西比德的故事如出一辙。普鲁塔克称，伊巴密浓达奋力保护着朋友的身体，尽管他认为派洛皮德已经阵亡。

这使得双方莫逆终生，成为刎颈之交。派洛皮德不仅在推翻斯巴达政权方面表现突出，而且还成为底比斯重装步兵精英部队神圣军团的首任指挥官。这支部队由300名底比斯重装步兵组成，国家资助，献身战争，就像他们的对手斯巴达一样。他们可能是在重获自由后建立的。有一种说法称伊巴密浓达是神圣军团的创始人，还有一种说法是与斯巴达作对的另外一个同谋高吉达斯（Gorgidas）。值得注意的是，伊巴密浓达后来的位高权重可能意味着，所有的功劳全都记在了他的名下，尽管他可能与这些功劳风马牛不相及。

由于说法不一，且自相矛盾，神圣军团本身的情况也云山雾罩。有学者称该军团由150对同性恋人组成，为了彼此的真爱必然会奋勇杀敌；有的学者并未提及这一招募条件，而色诺芬则对神圣军团不着笔墨。尽管如此，神圣军团在底比斯几次最重要的战役中表现神勇，其中就包括公元前375年的泰吉拉战役、公元前371年的留克特拉战役和公元前362年的曼提尼亚战役。公元前338年，他们在喀罗尼亚迎战马其顿国王腓力二世军队时，战斗到只剩最后一个人。

留克特拉战役

留克特拉战役是古代文献中涉及最多的战役之一。狄奥多罗斯·西库卢斯（Diodorus Siculus）、普鲁塔克、色诺芬和保塞尼亚斯对这场战役的叙述洋洋洒洒，比对古代任何其他重要战争的描述都要多。遗憾的是，这4位作者各执一词，令人困惑，想要弄清楚事实真相以及为何他们的说法大相径庭，的确是件异常繁复的事情。此外，还有大量的掌故和轶事，为战役平添了诸多细节。

这些说法的差异，已经到了无法调和、相互排斥的程度。色诺芬描绘的战役图景还算合理，但没有给底比斯或伊巴密浓达应有的赞誉。他的说法与我们所掌握的其他史料相互抵牾。抛开色诺芬不谈，其他所有留存下来的文献都对这场战役和伊巴密浓达在其中所扮演的角色做了较为完整的叙述。

伊巴密浓达当选为这次战役的波奥提亚长官，即波奥提亚联盟的民选领导人。波奥提亚长官共有 11 位，其中 4 位来自底比斯，其余的来自联盟中的其他城邦。保塞尼亚斯和迪奥多罗斯的叙述清楚地表明，伊巴密浓达被视为底比斯的高级领导人和总指挥，根据习惯做法，他肩负战争胜负的责任，应该得到信赖。更重要的是，伊巴密浓达的作战计划显然经过深思熟虑，而非冲动偶然之举。他作为军事天才的盛名毋庸置疑。

在留克特拉战场上，伊巴密浓达部署波奥提亚人防线时，将底比斯人放在左翼，直面斯巴达国王克莱奥姆波洛图斯，因为按照传统，他会坐镇斯巴达军阵的右翼。关于参战双方人数，文献说法不一，但共识是有 7000 名波奥提亚重装步兵（因为当时有 7 名波奥提亚长官在场）和 700 名骑兵对阵 1 万名伯罗奔尼撒士兵（其中包括 700 名斯巴达

军事哲学家

尽管史上的伊巴密浓达举足轻重，人生轶事颇多，但他的形象始终笼罩在神秘之中。他的死预示着底比斯霸权的终结，许多史证也随之荡然无存。30 年后，亚历山大大帝将底比斯夷为平地，更多的史料也随之化为齑粉。几种重要的文学素材也没能幸存下来，进而阻碍了学界的深入研究和探讨。

不过，我们确实知道，伊巴密浓达虽然出生于一个古老的贵族家庭，但生活拮据。他随遇而安，并将其融为自己人生哲学的一部分。事实上，人们认为他是一位军事哲学家。他学过里尔琴、唱歌和跳舞。所有这些技艺他都认为具有军事用途。他一生未娶，把全部精力都用在增长才干、保家卫国、为底比斯增光添彩上面。

△ 派洛皮德和神圣军团暴力推翻了底比斯亲斯巴达政府

“尽管没有名正言顺的头衔，但伊巴密浓达确是联盟的领袖人物”

勇士）和 1000 名骑兵。普鲁塔克认为，上阵的有 2000 名斯巴达人（占当时斯巴达总人力的三分之二）。其他文献给出的数字是 6：1，斯巴达人数占优，从而使底比斯的胜利更加令人印象深刻。

底比斯神圣军团 300 名战士和指挥官派洛皮德也排在左翼，可能置身最前沿，尽管他们的确切部署为学者所不知。虽然派洛皮德不是波奥提亚长官，但他指挥了这场战役，殊荣等身。其余的波奥提亚战线呈斜线形或者说梯形编队。这意味着神圣军团呈斜线方向远离底比斯左翼密集方阵。因此，当底比斯左翼向克莱奥姆波洛图斯推进时，波奥提亚阵线的其余部分将不需要与敌军对应方阵充分交手。据迪奥多罗斯称，当斯巴达方阵前进时，他们实际上没有迎击而是后撤。这场战役的胜负取决于密集的底比斯方阵与斯巴达右翼的搏斗，堪称棋逢对手，两虎相争。

史实就是这样。在神圣军团的带领下，底比斯方阵猛攻斯巴达右翼，过了一段时间，他们打垮了克莱奥姆波洛图斯和他的大部分斯巴达护卫。随后，伯罗奔尼撒阵形溃散，一时间兵败如山倒，人们四散奔逃。

普鲁塔克和色诺芬称，1000 名斯巴达战士阵亡，对斯巴达人力来说是一个沉重打击，斯巴达元气大伤，万劫不复。斯巴达男孩从小就接受军事训练，一次交战就如此大规模损兵折将，当然会令这座军事城邦一蹶不振。还有文献称伯罗奔尼撒人阵亡人数高达 4000 人，而底比斯的损失则从 47 人到 300 人不等。

回顾这场战役可知，留克特拉之战及其意义非比寻常。虽然斯巴达以前确曾吃过败仗，但在一次战斗中人员损耗如此之巨尚属首次。更有甚者，斯巴达人破天荒地出现了战场溃逃，表明他们和普通人别无二致，也会犯错。斯巴达声誉受到的贬损可能比其人力受到的摧残更为严重。然而，斯巴达并没有土崩瓦解，仍然代表着希腊暴虐的存在，底比斯评价他们“热爱自由”。伊巴密浓达接下来的行动，表明了他的万丈雄心——彻底推翻斯巴达政权。

底比斯霸权

一直有人批评说，在留克特拉战役中击败斯巴达之后，底比斯并没有真正打算取代斯巴达对希腊的统治。因此，希腊的底比斯霸权如昙花一现，仅仅持续了 10 年。一种观点认为，底比斯只寻求终结斯巴达的统治，而不想取而代之。如此一来，它实际上营造了一个权力真空，最终被马其顿国王腓力二世所填充。不过，底比斯，更重要的是伊巴密浓达本人，确实有计划彻底摧毁斯巴达人对希腊政治的操控，这一点可以从其后续行动中略见端倪。

公元前 370 年，伊巴密浓达利用伯罗奔尼撒人对斯巴达人的不满，发动了对伯罗奔尼撒的入侵。伊利斯和阿卡迪亚城邦尤其对斯巴达人的统治感到愤慨。公元前 370 年，

△ 人们认为斯巴达人是一支不可战胜的力量，但他们在留克特拉战场上的惨败玷污了他们的美誉，结束了他们在希腊的至高霸权

他们成立了一个反斯巴达联盟，阿戈斯很快入伙。

使节们来到底比斯，伊巴密浓达和派洛皮德（均为公元前370年的波奥提亚长官）说服底比斯政府同意联盟。这些盟友包围了斯巴达，迫使斯巴达因疲于保家卫国而无暇东顾、再去冒险拓疆展土，从而保障了其他希腊城邦的自治。

尽管没有名正言顺的头衔，但伊巴密浓达确是联盟的领袖人物。他和派洛皮德热衷于入侵伯罗奔尼撒，因此在当年晚些时候，他们派遣6000名士兵抗击斯巴达对阿卡迪亚的惩罚性远征。当他们赶到时，斯巴达人已经前脚离开了阿卡迪亚，于是，入侵斯巴达人的家园拉科尼亚的机会出现了。

发动冬季攻势在希腊鲜为人知，而入侵斯巴达家园更是绝无仅有。然而，底比斯的其他将领意识到自己的指挥权将在年底到期，因此倾向于班师回家。只有派洛皮德和伊巴密浓达执意留下。伊巴密浓达说服众人跟随他，沿着仅有的4条通道，分成四路奔袭拉科尼亚，毕竟不是哪条通道都能防守得固若金汤。

当军队向斯巴达进发时，因冬雨而暴涨的欧罗塔斯河拦住了他们的去路。面对这一障碍，伊巴密浓达并没在意，而是顺势命令军队烧毁河东岸的定居点。对斯巴达人来讲，他们更习惯于制造而不是承受这种灾难。

斯巴达未能集结起军队迎击伊巴密浓达，表明他们正遭受灾难性的人力短缺。情急之下，斯巴达被迫招募奴隶阶级黑劳士充当重装步兵。6000名黑劳士应征入伍，但斯巴达很快意识到他们武装了自己的奴隶，这样就很容易遭到反戈一击。

最终，伊巴密浓达越过了欧罗塔斯河，没有遭到任何抵抗。他把军队开进斯巴达郊区，但斯巴达国王阿格西劳斯二世采取的策略是不予公开迎战。这种彻头彻尾的非斯巴达式战法，证明了伊巴密浓达大军令他们望而生畏，谈虎色变。

相反，阿格西劳斯二世按兵不动，将部队布防在要塞和易守难攻的关隘。如此战术使得伊巴密浓达麾下的4万之众难以施展拳脚。有鉴于此，伊巴密浓达决定蹂躏整个拉科尼亚，解放自公元前8世纪以来被斯巴达统治的黑劳士家园麦西尼亚。因为根本不需要防御，拉科尼亚的大部分城镇都没有城墙，伊巴密浓达边走边烧，所到之处被洗劫一空。黑劳士和其他心怀不满的伯罗奔尼撒人蜂拥而至，纷纷聚拢到他的身边。

新麦西尼亚

公元前369年，伊巴密浓达在伊索姆山坡上建立了麦西尼亚新城，赢得了那些斯巴达统治反对者的鼎力支持。这些人中不仅有底比斯人，还有伊利斯人、阿卡迪亚人和阿戈斯人。这座城邦成为斯巴达人永远的眼中钉，进一步耗尽了它的人力，形成了反斯巴达城邦对它的合围之势。毫无疑问，伊巴密浓达是麦西尼亚政策、架构甚至所在地的总设计师。他敞开怀抱向四面八方发出邀约，任何流亡者都可以把这座城邦当作自己的新家。这里将成为抵抗斯巴达的大本营。伊巴密浓达监督建成这座城邦后，随着公元前369年的春天翩然而至，伊利斯人、阿戈斯人和阿卡迪亚人动身回家时，他让守备部队留守，自己则起程返回底比斯。随后，他因超期服役、违反一年任期的法律规定而被起诉。不出所料，陪审团驳回了这项指控。

斯巴达人无奈，只好低三下四地向宿敌雅典求助，雅典让伊菲克拉底（Iphicrates）挂帅亲征，这不能不说是斯巴达人的奇耻大辱。实践证明，伊菲克拉底也没能派上用场，在了解了伊巴密浓达的战术后，他打了退堂鼓。稳操胜券的伊巴密浓达取得了前所未有的成就。麦西尼亚的建立几乎注定了斯巴达慢慢走向衰亡。即便如此，伊巴密浓达还是没有在公开场合遭遇并歼灭过斯巴达人。

斯巴达希望巩固与雅典的同盟关系，而雅典可能出于害怕羽翼渐丰的底比斯，因此欣然同意。伯罗奔尼撒人呼吁底比斯再次入侵，伊巴密浓达爽快应允。这次派洛皮德没有随他出征，而是扑向北方的色萨利人。斯巴达派军前往他们与雅典共同的盟友科林斯，抵抗底比斯的入侵。

一马当先的伊巴密浓达没能再次引诱斯巴达联军公开接招。他们只是待在后方，仓促构建防御工事，阻断伊巴密浓达率军杀进伯罗奔尼撒的通道。毫不气馁的伊巴密浓达利用换岗之机袭击了斯巴达营地，迫使守军撤退。

伊巴密浓达未将剩勇追穷寇，而是接下来选择与斯巴达指挥官达成停战协议，允许他们撤退，让底比斯大军自由通过。这一举动促使那些反对伊巴密浓达的底比斯人后来指控他叛国，因为他本有机会消灭斯巴达有生力量，却功亏一篑。这项指控或许彰显了底比斯的总体政策，即摧残斯巴达，而非取代它成为傲视群雄的希腊强邦。

伊巴密浓达继续以武力瓦解斯巴达其他盟友，如果不能得手，便蹂躏和掠夺他们的土地和庄稼。他占领了西锡安和佩里尼，从而掌控了一个能进入伯罗奔尼撒的港口。斯巴达人和雅典人再次当起了缩头乌龟，拒绝在开阔之地与伊巴密浓达交战。伊巴密浓达的二度入侵似乎没有第一次那么令人印象深刻，但确实进一步戕害了斯巴达，使它无法将自己的意志强加给其他希腊城邦。

公元前368年，伊巴密浓达没能再次当选波奥提亚长官，或许是因为底比斯人对他只打伯罗奔尼撒一张牌感到不满，也可能是因为他的敌人作祟所致。没有了底比斯或者说伊巴密浓达的领导，阿卡迪亚人和伊利斯人终起争端，直至公元前365年双方宣战。

公元前368年，伊巴密浓达以普通重装步兵的身份重新加入底比斯军队。当军队在色萨利抗击费莱（Pherae）的亚历山大被波

△ 这幅 18 世纪的油画描绘了底比斯人在伊巴密浓达阵亡时所感受到失落

△ 公元前 335 年，亚历山大大帝监督洗劫底比斯

奥提亚长官们引入歧途时，方阵士兵吁请伊巴密浓达把他们带到安全的地方。据迪奥多罗斯记载，伊巴密浓达从队伍中挺身而出，果断出手，使战友们免遭灭顶之灾。这显示了普通士兵对他的高度信赖，也展示了他难得的能屈能伸的品质。伊巴密浓达也可能是神圣军团的成员，凭自己本事成为精英重装步兵。派洛皮德死于公元前 364 年，伊巴密浓达随后接手成为神圣军团的指挥官。

公元前 366 年，伊巴密浓达第三次入侵伯罗奔尼撒。这一次，他的目标是北部的亚该亚(Achaea),试图瓦解斯巴达的另一个盟友。他还计划成立一支舰队，在爱琴海与雅典抗衡，但这是个错误判断。

殒命曼提尼亚

公元前 362 年，伊利斯和阿卡迪亚之间达成和解，但不久，底比斯和伊巴密浓达之间由来已久的分歧又浮出了水面。伊巴密浓达被任命为波奥提亚 - 伯罗奔尼撒联盟的领导人。联盟成员要求他率领一支远征军前往伯罗奔尼撒。虽说获得批准，但底比斯政府警告称，远征任务必须在 4 个月内完成。

伊巴密浓达率军开拔，在曼提尼亚与包括伊利斯、阿卡迪亚、雅典和斯巴达部分军队在内的敌军遭遇。伊巴密浓达决定对唱空城计的斯巴达进行一次大胆的夜间突袭。

国王阿格西劳斯二世率军离开斯巴达还没走出多远，因此有时间退守城邦。伊巴密浓达的手下如潮水般涌进斯巴达，开了外来军队践踏这座城邦的先河。斯巴达人拼死抵抗，而城内狭窄的街道无疑更有利于防守。

伊巴密浓达被迫撤出。他决定返回北方，派出骑兵前去夺取曼提尼亚。这两个部署都称得上果敢而合理，却都没向有利于他的方向发展。

伊巴密浓达以战斗队形挥师北上，向曼提尼亚挺进。他们在平原最狭窄之处与部署在那里的敌军相遇。伊巴密浓达命令部下放下武器，给人一种准备露营过夜的感觉，而敌军也顺势安营扎寨。伊巴密浓达先是派遣骑兵制造尘土飞扬的障眼效果，随即命令部队（lochoi）向他所在的左翼集结。这个阵形与留克特拉战役阵形如出一辙。他的兵力有25000 ~ 30000人，敌军兵力大约有20000人。加强的左翼可能囊括了全部6000 ~ 7000名波奥提亚重装步兵。这一战术部署就像在留克特拉战场上一样，旨在突破敌军右翼，然后风卷残云般横扫敌军方阵，不让一人漏网、逃到曼提尼亚。

阵形和以往一样，仍为斜线形。伊巴密浓达向前推进，等敌人醒悟过来后立即陷入一片恐慌。波奥提亚骑兵击退了微不足道的斯巴达马队，而马队的溃退又打乱了斯巴达方阵。伊巴密浓达集结的方阵冲进斯巴达军右翼，就像在留克特拉战场上一样，斯巴达军队重蹈覆辙，溃不成军。当追击斯巴达人开始时，伊巴密浓达自己却颓然倒地。闻听他的死讯后，波奥提亚方阵停了下来，尽管已经稳操胜券，但感到失去了伊巴密浓达的调遣，他们将一事无成。

尽管底比斯霸权一直存续到公元前335年，直至被马其顿国王腓力二世及其卓尔不群的儿子亚历山大无情地摧毁，但伊巴密浓达的离世却标志着底比斯霸权开始日薄西山。

伊巴密浓达的一生充满了创新之举和战略远见，向世人讲述着历久弥新的成功故事。他的波奥提亚同胞深知他们在他身上寄托了什么，随着他的谢世，他们又如何怅然若失。

罗马征服希腊

THE ROMAN CONQUEST OF GREECE

揭秘如日中天的罗马
如何驯服日薄西山的东部邻国

Λ

当斯巴达人在温泉关奋勇抗击波斯人时，罗马不过是横跨台伯河（Tiber）的一个简陋定居点。当马其顿国王腓力二世宣称称霸希腊城邦，其子亚历山大率军开到斯巴达边境时，罗马作为意大利中部地区列强才崭露头角。但到公元前3世纪之交，传奇般的斯巴达已经走下神坛，亚历山大帝国已经支离破碎，而罗马征服的号角仍然回声嘹亮。

几个世纪的寒来暑往，罗马城从君主制上升为寡头制共和国，成了意大利半岛大部分地区的主宰。在公元前3世纪中叶，穷兵黩武的罗马人主要忙于第一次迦太基（Carthage）战争（又称第一次布匿战争）。迦太基是地中海南边一座富裕的北非贸易城市，控制着西西里岛。这场艰苦卓绝的战争一打就是20余载，但罗马人的坚持最终还是得到了回报。他们不仅取得了胜利，还获得了第一块海外领地。由于业已牢牢控制意大利、西西里岛和撒丁岛的大部分地区，他们可以第一次随心所欲地将注意力转向东方。

他们最为关切的是位于希腊大陆以北的伊利里亚。它将马其顿人与亚得里亚海隔开。一直以来，伊利里亚人给罗马贸易造成了诸多困扰。因此，实战经验丰富的罗马海军漂洋过海，将2万多人组成的军团送上了敌人的海岸。尽管伊利里亚女王特塔（Teuta）做了充分准备，但一盘散沙、半路出家的伊利里亚人并非罗马军团的对手，轻易就被打得落花流水。

在此阶段，罗马人不想永远待在亚得里亚海的彼岸，但他们在那里的存在不容忽视。反对罗马在伊利里亚出现的主要敌手是马其顿国王腓力五世。这时的他还是一个踌躇满志的年轻人，一心想着扩大他的帝国。

因此，当由一位名叫汉尼拔（Hannibal）的杰出将军带领着的迦太基人返回来再度与罗马开战时，腓力五世抓住机会扩张领土，并把遭受重创的罗马人一脚踢开。

汉尼拔一连对罗马人取得了三次压倒性胜利，在坎尼战役中，破纪录地一举歼灭了罗马军团5万余名士兵。捷报传来，腓力五世急切地提出进攻罗马人在伊利里亚的大本营，如果可能的话，直捣意大利，这样，这位非洲将军一劳永逸地打败罗马人。

不幸的是，对腓力五世来说，希腊其他城邦都很慎重，不会给雄心勃勃的马其顿人赋权太多，而且无须劝说，他们也会拿起武器造反。罗马人虽然多线作战，但他们仍派遣船只和一支小规模地面部队前往希腊，与当地人建立外交关系。他们的努力取得了相当明显的效果，因为许多城邦都渴望结盟来对付腓力五世。在第一次马其顿战争期间，盟友们没有要求罗马人在陆上参战，而是亲自在战场上对抗马其顿的威胁。这项任务主要交由埃托利亚同盟（Aetolian League）来完成。他们签署了罗马和希腊城邦之间的第一个正式条约，随后其他城邦也纷纷跟进，包括雅典和斯巴达。然而，腓力五世在希腊也并非没有自己的支持者。该地区几乎每一个重要城邦最终都被拖入了这场冲突的一方或另一方。

在这场旷日持久的战争中，城邦、城镇

和防御工事都会数易其主，但双方没被彻底击垮。战争最终以双方都缺乏光彩的结局而告终。埃托利亚人已经厌倦了按照罗马人的命令作战；腓力五世在北部边界与野蛮人起了争执；罗马想为与迦太基的冲突画上句号。于是，和平适时得以实现，虽然腓力五世仍然渴望赢得后续战争。他或许没有充分意识到，罗马的注意力几乎全都集中在汉尼拔和迦太基人身上，而和他交手的只是罗马军力的零头，他不过是侥幸获得了死缓而已。尽管如此，两国都清楚，未来的冲突将不可避免。

罗马人给希腊人留下的第一印象并不算太好。在整个战争期间，罗马人一直谨言慎行，声称自己是希腊的朋友和解放者，到此旨在拯救希腊荣光的城邦免受马其顿国王压迫之苦。尽管如此，他们部署的地面部队却尤其凶残。希腊人认为他们是一个野蛮的民族，而罗马人对待诸如俄瑞乌斯和迪默这样的希腊城邦的做法也恰恰证实了这一点。贵重金属、绘画和雕塑悉数遭到罗马军团的劫掠，但他们掳掠到手的最有价值的还是人。罗马人把许多迪默居民卖为奴隶，借机大发

亚该亚同盟

公元前 280 年，第二个亚该亚同盟在希腊南部的伯罗奔尼撒成立。他们的这种做法在古代城邦中鲜为人知，即勠力同心，达到整体大于局部之和的效果。这一战略非常有效，因为在结盟的前 50 年间，同盟成功地吸收了几个外来地区城邦加入这个蓬勃兴旺的大家庭。在其存续的大部分时间里，该同盟一直都在积极致力于成为伯罗奔尼撒无可争议的霸主。虽说它已经把科林斯收入囊中，但坚定的对手斯巴达对它仍然充满着诱惑。

在腓力五世和罗马之间对决的第一次马其顿战争中，斯巴达人站在罗马一边，亚该亚人站在腓力五世一边。然而，在第二次马其顿战争中罗马获胜后，亚该亚人见风使舵，很快就获赠斯巴达作为奖赏。亚该亚同盟几十年来一直对罗马忠心耿耿，但罗马人也一直在挖掘希腊邻邦内部的潜在威胁。对于亚该亚人来说不幸的是，希腊城邦同盟而非与罗马直接抗衡的城邦反倒成了罗马人的心腹大患。

于是罗马人宣布，希望退出亚该亚同盟的城邦将不会受到任何影响，这迫使仍留在同盟里的亚该亚人公开叛乱。然而，他们的觉悟为时过晚。在已经战胜了珀尔修斯、占据了统治地位的罗马面前，他们的努力终究是徒劳的。罗马人一到，轻易地便将同盟搞得四分五裂。公元前 146 年，科林斯被罗马所灭，同盟荡然无存。

△ 希腊科林斯阿波罗神庙遗址

不义之财。然而，不能把他们所有的罪恶行径都归咎于图财害命，因为罗马士兵在杀红眼的时候，也会恣意奸淫掳掠并烧毁定居点。

尽管希腊人对罗马人的所作所为恶向胆边生,但他们自己在过往历史上也是一丘之貉。然而，罗马人的行为令希腊人心里五味杂陈。自诩为希腊自由的解放者和保护神，居然还洗劫自己要保护的国家？伪善昭然若揭。

腓力五世没有罢手太久，就重新发起了入侵。他把注意力转向希腊群岛，开始肆无忌惮地强行占领。不过，更让罗马担忧的是，他与叙利亚塞琉西帝国国王安提约古（Antiochus）签订了秘密协议，双方同意进攻埃及在爱琴海和小亚细亚的领地。腓力五世与另一股超级力量走得很近，已经成为罗马人的心腹大患，势必要在木已成舟之前加以阻止。

为此，他们派出罗马最高级别执法官、新当选的执政官提图斯·奎因修斯·弗拉米努斯（Titus Quinctius Flaminus）前往希腊。公元前198年抵达希腊时，他还不到而立之年。腓力五世对弗拉米努斯提出的要求置若罔闻，很快两位将军和他们的盟友便兵戎相见。弗拉米努斯的部队在奥乌斯海峡战役中占据了上风，但由于通道狭窄，让腓力五世得以带着大部队逃脱。然而，这场失利确实是亚该亚同盟与腓力五世决裂的催化剂，在弗拉米努斯看来不啻一场严重的政变。为了赢得新盟友，腓力五世把占领的希腊城镇阿戈斯送给斯巴达统治者纳比斯（Nabis）。纳比斯接受了这份馈赠，但他还是立刻投奔到了罗马那边，暂时忘记了曾经与亚该亚人之间的仇恨和敌对。

罗马人赢得了这场外交游戏。随着次年战争季的开始，他们争取到波奥提亚联盟，从而进一步增强了自己的实力，尽管他们大多是通过不加掩饰的恐吓来达到自己的目的的。这时，一场决定性的交锋迫在眉睫。冬季一过，双方便在库诺斯克法莱进行了对决。

弗拉米尼努斯一边寻找军粮供应来源，一边追剿腓力五世的部队。暴雨浓雾之中，两支部队分别在库诺斯克法莱（希腊语中意为“狗头岭”）两侧安营扎寨。双方将军都派出骑兵在低能见度的情况下向山脊进发侦察。随后，他们惊讶地发现敌人就在前面，骑兵之间的小规模冲突旋即展开。随着更多的部队冲过来增援，事态很快升级为一场全面的战斗。

按照小队战术体系的做法，罗马人以300人为一个作战单位，将士兵安排在整齐、半独立的编队之中。这一优势在狗头岭战斗中发挥了关键作用。腓力五世的方阵由密集的长矛手组成。起初，他们居高临下占了上风，把罗马人赶下了山。弗拉米努斯试图迫使军团从左翼发动进攻受阻，阵形破裂。幸运的是，通常由手持长矛的老兵组成的后备队已经站稳脚跟，严阵以待，为大部队在其后面稳住阵脚创造了条件。

“罗马人与安提约古在温泉关交战，
也正是在此，斯巴达演绎出了永恒的传奇”

弗拉米努斯手下的一名军官利用部队的灵活性，从右翼派出一支分遣队。他们冲上山岭，绕到马其顿战阵的后方。腹背受敌的马其顿军队很快溃不成军。罗马人毫不留情地一路追杀，砍倒了约8000名腓力五世的士兵，抓获了5000名战俘。罗马军团赢得了决定性胜利。

对腓力五世来说，投降的条件十分苛刻，毕竟马其顿在被收复的领土上已经一败涂地。然而，为罗马人鞍前马后效力的希腊，在胜利后却没有得到他们想要得到的东西——弗拉米努斯没有给他们新领土。他们不顾一切地想要挣脱马其顿人的羁绊，结果却开门揖盗，让罗马人登堂入室。具有讽刺意味的是，他们不过是才出狼窝又入虎穴罢了。

罗马霸权的前景并没有终结在埃托利亚。那里的人哀叹弗拉米努斯没有馈赠自己领土，可罗马人寻求的是希腊的权力平衡。他们不希望任何人，无论敌友，威胁到他们对该地区的非正式控制。弗拉米努斯狡诈地宣布希腊人获得自由，撤出全部罗马军团。当地人欢欣鼓舞，但表面撤军并没能使希腊人摆脱罗马人的枷锁。罗马人到处扶持对自己效忠的统治者，如果需要的话，罗马军团也能随

△ 罗马人提图斯·奎因修斯·弗拉米努斯在征服希腊的过程中发挥了重要作用

◁ 硬币上的亚历山大大帝头像带有埃及神明阿蒙（Amun）之角

时杀将回去。罗马成了希腊的新主人，众人对此深信不疑。

在罗马人集体离开之前，弗拉米努斯热衷于解决一个问题，那就是对斯巴达的战争。在第二次马其顿战争开始之前，这座古老城邦从腓力五世那里得到的礼物阿戈斯，就已经加入了亚该亚同盟，而该同盟想要它重新入伙，遭到了斯巴达统治者纳比斯的拒绝。于是，弗拉米努斯及其盟友集结了一支5万人的大军，大张旗鼓地向阿戈斯进发。

盟军很快收复了阿戈斯，但纳比斯拒绝和谈。盟军一不做二不休，双方在斯巴达城外赤膊上阵，斯巴达人败下阵来。纳比斯退回城内据守，囤积粮食以防围城，保住生存的希望。

然而，弗拉米努斯哪里还有什么心情去苦苦围困，于是便命令大部队攻陷城池。城里狭窄的街道阻碍了入侵者前进的脚步，斯巴达人成功地利用燃烧物击退了敌人。第二天，罗马士兵重新进行了集结部署。斯巴达人再一次扛了下来，但到了第三天，斯巴达人已经元气大伤，纳比斯别无选择，只好投降。

弗拉米努斯决定让纳比斯留在位上继续执掌斯巴达，但附加条件十分苛刻，这让亚该亚同盟非常懊恼。多年来，他们一直梦想着同化这座城邦，随着罗马人离开希腊海岸，他们不失时机地来实现这个目标。不过，一切都是纳比斯咎由自取。不久，人们便召唤小亚细亚和叙利亚塞琉西帝国国王安提约古从罗马人手中“解放希腊”。斯巴达人抓住机会挣脱了罗马桎梏，并立即开始进攻亚该亚同盟控制的吉底乌姆港。亚该亚将军菲洛皮门（Philopoemen）没有去等罗马军团做出回应便开始回击。

他对斯巴达人的海上反击出师不利，因为他的旗舰在海上物理结构分解，但在纳比斯被埃托利亚人杀掉后，他时来运转。菲洛皮门率军一举占领了斯巴达，实现了亚该亚人的夙愿。在接下来的动荡岁月里，斯巴达人不甘沉寂，与新霸主拼死抗争，但到头来不过是末日之前的垂死挣扎。菲洛皮门重将斯巴达和平地纳入同盟，后来这座城邦的再次叛乱被大力平息下去。许多斯巴达人惨遭屠杀，传说中的宪法也被撕得粉碎，取而代之的是一部新宪法，从而基本上结束了斯巴达作为文化城邦、军事城邦的存在。

几年之后，罗马人与安提约古在温泉关交战，也正是在此，斯巴达演绎出了永恒的传奇。尽管这场史诗般战役的结局在希腊几乎家喻户晓，但面对重演波斯伎俩、另辟蹊径包抄的罗马人，安提约古并没有做好充分的准备。和之前的列奥尼达一样，安提约古也深陷重围，他的军队遭到罗马铁军残忍的碾压。

如今，在整个地中海地区已经没有超级大国可以和罗马一决雌雄。对热爱自由的希腊人来讲祸不单行的是，安提约古随后败于小亚细亚给罗马人带来了滚滚财源。他们发现金库全都已经爆满。罗马人现在拥有不折不扣的权力、威望和财富。有了这种对自身资源和能力的全新信心，罗马人开始脱掉自己希腊保护国的外衣，堂而皇之地扮演起专制独裁的角色。

最后一次反抗罗马强权的使命落到马其顿人的肩上，但掌舵的已然不再是腓力五世，而是他的长子珀尔修斯。珀尔修斯斥巨资巩固自己的地位，但又十分谨慎，不去违背与罗马达成的任何约定。但对罗马人来讲，这种退让是远远不够的。眼见敌对的国王大权在握、希腊人爱国之心油然而生，他们不可能坐视不管，袖手旁观。罗马很快便向珀尔

腓力五世

马其顿王国是欧洲历史上最重要的国家之一。在腓力一世的领导下，它成为希腊的主要权力掮客，并将传统的希腊方阵重新打造成为一台极具毁灭性的战争机器。腓力二世的长子亚历山大利用这台战争机器成为世界上有史以来最伟大的征服者。亚历山大死后，马其顿的继任国王们再也无法企及他那流星般的高度，但有些人却拥有令人敬畏的军事禀赋，这也是他们尊崇的祖先所不具备的。

公元前 221 年，腓力五世登基。那时的他还是青葱少年。通过与斯巴达人、埃托利亚人和伊利斯人成功交手，他很快展现出了自己的军事才干，证明自己是罗马在希腊最强大的对手，在长达 10 年的第一次马其顿战争中多次与罗马人平分秋色，不分伯仲。尽管他天赋过人，却未能获得足够的援助来抵抗罗马的扩张，最终遭到胁迫，只好支持罗马对希腊大陆实施征服。

腓力五世的生命以心碎告终。他的幼子德米特里厄斯（Demetrius）曾被罗马人扣作人质。在罗马期间，他结交了许多有影响力的朋友，这让哥哥珀尔修斯警觉起来，将其视为未来罗马帝国的傀儡。他甚至怀疑弟弟犯有叛国罪而密谋将其除掉，而幼子随后遇害令腓力五世一蹶不振，于公元前 179 年驾崩，年届花甲。当时他正在与达达尼亚人作战，作为勇士国王战斗到了生命的最后一息。

洗劫科林斯

公元前 146 年罗马人对科林斯的蹂躏，对某些希腊人来说，很可能感觉像是实现了一个预言。几十年前，他们第一次见证了罗马人的残酷，并听到了埃托利亚人警告即将到来的罗马统治。如今时候一到，新意大利霸主们便竭尽残暴之能事，树立他们作为希腊大陆无可争议的独裁者的地位。

科林斯是一座文化多彩、历史悠久、物质极大丰富的城邦，但对罗马人来说，它代表着亚该亚同盟的纽带，是罗马之敌云集的堡垒。为确保不留任何亚该亚政权的痕迹，罗马执政官卢基乌斯·穆米乌斯（Lucius Mummius）宣布，这座城邦及其所有居民将作为祭品奉献给众神和冥府。言罢，罗马人便发起了进攻。

科林斯遭到了彻底毁灭。罗马军团杀害或用铁链锁住每一个他们能抓到的居民；艺术品、金条和其他精美物品被掠夺殆尽；主要公共建筑和工事被毁。这是 200 多年来希腊从未经历过的大规模破坏，但罗马发出的信息十分明确——他们没有可以匹敌的对手，他们可以为所欲为。在目睹或道听途说罗马人在科林斯犯下的暴行之后，希腊人深刻地感受到了罗马的强大，肃然缄默。

△ 被洗劫的科林斯人财两空，剩下的只是一个死气沉沉的外壳

△ 公元前 167 年，在被罗马人占领之前，罗扎法城堡一直是伊利里亚人的要塞

修斯宣战，并向希腊派遣了 5 万名士兵。

年轻的马其顿国王在前两个战争季战胜了对手。叛逆城镇被罗马人恶意奴役，但这只会推动人们将珀尔修斯推崇为救世主，并投身于他的事业。然而，这位年轻的国王依旧渴望一场能带来决定性胜利的鏖战，至少在短期内如此。彼得那一役了断了他的愿望。两军殊死战斗，最终摆平了一切。珀尔修斯严阵以待，而罗马人还在排兵布阵。珀尔修斯派部下冲向敌军，试图重创敌军。然而，这样珀尔修斯做的后果是打破了自己方阵的严密队形，罗马人很快就利用这一错误，派遣部队攻入敌人防线暴露出来的一切空隙。随后，罗马军团从里到外不断歼灭珀尔修斯的军队，令方阵土崩瓦解，死伤无数。

珀尔修斯溃败后，罗马人将马其顿肢解为 4 个共和政体，从而削弱了马其顿的势力。这一举措曾一度奏效，但在随后的几年里，有 3 个王位觊觎者怂恿罗马人永久驻扎马其顿，致使其最终正式沦为罗马帝国的一个行省。于是，熊熊燃烧的马其顿烈焰终于熄灭，随之熄灭的还有希腊在接下来的 500 年里意图摆脱罗马统治的最后一线希望。

征服希腊把罗马带进了新时代。希腊人对意大利“野蛮人”的看法可能相当模糊，但许多罗马参议员对希腊的文化却赞不绝口。大量被掠走的绘画、雕塑和受过教育的奴隶被罗马上流人士收购。随着罗马这一国际帝国的新近发迹和希腊式辉煌的适时加持，罗马的绚丽时代终于到来。一些故步自封的罗马人徒劳地试图让传统的罗马之美占据显赫地位，但更多的人发现自己沉迷于希腊艺术、文学、哲学和生活方式之中而不能自拔。

这种对希腊人的敬仰一直延续到元首制的罗马帝国，甚至更久，因为哈德良（Hadrian）皇帝是所有泛希腊事物的虔诚拥趸。希腊人可能在罗马人统治下失去了自由，但希腊的传奇和魅力倾倒了世人上千年。

△ 这尊塞琉西帝国国王安提约古三世的希腊式半身像可能是罗马人的复制品

▽ 垂头丧气的希腊人向他们的新罗马领主鞠躬，但罗马治下的希腊生活并没有什么改变

斯巴达遗产

SPARTA'S LEGACY

古代斯巴达或许已经湮没在历史长河之中，
但人们关于斯巴达的记忆却难以磨灭。
让我们一起来领略斯巴达的种种遗存

一想到斯巴达，最常出现在人们脑海中的很可能是一个狂热赤诚的勇士形象。他们效忠城邦，鞠躬尽瘁。不可否认的是，虽然斯巴达人屡立战功，威名远扬，但人们并不完全了解他们的生活方式和信仰在多大程度上影响了后世文明。与古希腊的大部分地区不同，斯巴达人的建筑物存世极少，反倒是他们的人生态度和精神信仰，至少在某些地方仍然有一定的影响力。

也许最值得一提的是，女性在斯巴达社会中所扮演的角色就是斯巴达相对进步的一个实证。事实上，有些希腊人认为斯巴达男人对男性同伴过于唯命是从。传说一个希腊女人问斯巴达王后歌果：“为什么只有斯巴达女人才能管治男人？”她答道：“因为只有我们才是男人的母亲。”不管是真是假，这句话内涵十分丰富——斯巴达是一个勇士之邦，要打造勇士，他们的母亲就需要同样坚韧顽强。

在许多文化中，女性认为她们的发展前景要受限得多，但斯巴达女人则受益于更加开明的观念。男孩们分开去学习打斗，而女孩们则享受着结构化的教育体系，除音乐、舞蹈和诗歌等休闲项目外，还学习各类知识。鉴于人们把舞蹈视为一种崇拜神灵的方式，具有非凡的意义，因此女孩们经常练习。此外，体育锻炼对男人和女人来讲具有同等的重要性，毕竟，只有健康的父母才能养育出健康的孩子。

当女孩长大后，她们在社会上的作用并没有减弱。虽然她们的结婚年龄在今天看来还很小（约18岁），但比希腊其他地区正常的婚嫁年龄（约14岁）还要大。此外，由于男子在45岁之前不得与家人住在一起，而只能与战友们一起住在军营里，这就为斯巴达女人们提供了更多的空间和机会。由于长期战乱导致男人们无法顾家，留守的女人们责无旁贷地担起了理财持家的重担。正如亚里士多德指出的那样，“整个城邦的五分之二……都掌握在女人手中……”。此外，在斯巴达社会，女儿甚至有权分得部分家庭地产，而在希腊其他地区，女人却不准拥有土地。

斯巴达社会中女性角色的重要性与城邦的军事实力密切相关。斯巴达主张全面备战，从接受早期军事教育一直到成长为身经百战的勇士，这一原则贯穿始终。今天，像尼泊尔廓尔喀雇佣兵团和英国特种空军部队这样的军事组织，都是致力于实现单一军事目标的范例，这种专注和执着均可追溯到心无旁骛的斯巴达人身上。

从呱呱坠地开始，斯巴达男孩的命运就已成定数——除了当兵，他们再也没有其他职业可选择。7岁时，他们被从家里带走，与同龄男孩共同过集体生活，并被迫参加定期的体育活动和竞技比赛。缺少食物的窘境逼着他们去四处打食，有时为了糊口，他们还会干些偷鸡摸狗的苟且之事。一旦被抓，便会遭到严厉的惩罚。

20岁时，他们成为全职军人，此后要一直服役到60岁，假如他们能活那么久的话。虽然历经多年军训让他们看起来凶神恶煞般恐怖，但他们绝不仅仅是一介莽夫。斯巴达

△ 今天，古代斯巴达的遗存主要是废墟

勇士非常重视战术的实施。比方说在方阵中，士兵们彼此靠得很近，用盾牌连成一个加厚阵形。凝聚起来，他们便能以最高效率抵挡和击退敌人。

虽然历经数个世纪的战火洗礼，但这支部队不可避免地要承受时光的打磨。由于在留克特拉战役中罕见败北和黑劳士不合时宜的起义，斯巴达在公元前395—前387年的科林斯战争中元气大伤。尽管他们当时占了上风，但大约有4000名士兵阵亡。如此惨重的损失对斯巴达来说无疑是一场灾难，因为斯巴达社会严重依赖世袭血统来培养输送兵源，故而根本没办法一下子凭空生出这么多人来。

然而，虽然影响力开始走下坡路，但斯巴达的光环犹存。据称，一直到公元378年斯巴达方阵出动时，仍令亚历山大大帝心有余悸，决定收手。这只是斯巴达回光返照，但在亚历山大大帝眼中，它余威尚在，不可小觑。

斯巴达之所以能成为威名远扬的军事城邦，部分归因于他们治国理政的效率。我们在此不再赘述其统治架构的组成，因为在本书前面章节里已有涉及，但有必要将其内部运作与当下做法做一比照，这样更能凸显其超前性。

与今天颇为相似的是，他们把个人或少数人所拥有的权力关到笼子里，予以监督和限制。尽管斯巴达实行双王制，却由5名与国王共享权力的监督官所制衡。反过来，监督官需由一年一度的公民大会投票选举产生。随着时间的推移，政治结构发生了变化，公元前227年监督官制曾被短暂废除，5年后才得以恢复。

在政治链的下端，斯巴达社会的其他成员也有发言权。长老会由60岁以上的退役老兵组成。他们由单独召集起来的其他平民通过口头表决选出。虽然没有完整彻底的代表性，但它终究是一个有发言权的庞大群体，远远领先于当时世界上的大部分地区，尽管黑劳士仍然在受到迫害，没有发言权。

除独特的社会结构外，斯巴达一直存留在流行文化之中。事实上，“斯巴达式”这个形容词的现代用法本身就表明了斯巴达人所受到的尊重。《牛津词典》将其释义为“清苦的，简朴的”。简言之，他们是一个坚忍不拔、漠视一切形式的物质享受的民族。

在军事方面，古代斯巴达重装步兵依旧是一个屹立不倒的形象，为许多作家和电影制作人提供了丰富的故事素材。其中一个常见的主题是公元前480年的温泉关战役，高光呈现列奥尼达国王率300名斯巴达勇士与波斯神王薛西斯一世的百万大军的最后一搏。

虽然时光荏苒，数字未免夸张（波斯军队的人数可能有10万～15万，而列奥尼达在著名的最后一战中还有大约700名塞斯比阿援军），但鲁道夫·马特（Rudolph Maté）的电影《斯巴达三百勇士》（1962年）和扎克·斯奈德的电影《三百勇士》（2007年，根据弗兰克·米勒漫画小说中的虚构情节创

△ 斯巴达人在温泉关战役中著名的最后一搏

作），却使得从不退缩、令人望而生畏的斯巴达勇士的历史地位得到了巩固。

2014 年，还是由扎克·斯奈德执导的电影《三百勇士：帝国崛起》对阿提密西安和萨拉米斯的关键战役叙事也有异曲同工之妙，对希腊人击退波斯的第二次入侵进行了生动呈现。2004 年的电影《特洛伊》，则向观众展示了斯巴达国王米奈劳斯在这场经典悲剧中所扮演的重要角色。

在温泉关战役中，面对严峻挑战，斯巴达勇士们表现出无与伦比的神勇，因此，许多运动队顺理成章地都用“斯巴达”来给自己的运动队冠名，诸如密歇根州斯巴达队、圣何塞州立斯巴达队、坦帕斯巴达队、南加州大学北部斯巴达队和诺福克州立斯巴达队等美国大学美式橄榄球队。在其他体育项目中，这样的命名更是不胜枚举，例如布莱斯斯巴达队和布拉格斯巴达足球俱乐部（足球），曼彻斯特村斯巴达队（橄榄球），南俄勒冈斯巴达队（曲棍球），以及巴巴多斯斯巴达板球俱乐部等。

像大多数文明一样，我们所认识的古代斯巴达最终走向了衰落和崩溃。公元前 195 年，斯巴达在拉科尼亚战争中被罗马和希腊城邦联军击败，落入罗马帝国的掌控之中，纳比斯成为末代国王。公元 396 年，斯巴达遭到西哥特人洗劫。及至中世纪，其政治和文化中心已经迁移到附近的迈斯特拉斯（Mystras）。

今天，重建于 1834 年的现代城市斯巴达（或称斯巴提）就建在古斯巴达遗址之上。除了形形色色的废墟之外，这座曾经强大的城邦几乎没有留下什么，但它的遗产仍在，彪炳史册，再励后人。

斯巴达：野蛮还是老练？

由于当代流行文化的塑造，古代斯巴达给今人留下了非常独特的印象——强大而强盛，穷兵黩武，善斗好战。但这公平吗？在某种程度上讲，是的。正如我们在本文中提到的那样，全斯巴达都专注于养兵用兵，这种观念渗透进社会的各个角落。他们这样做无疑是残忍的——丢弃体弱多病的婴儿；把对黑劳士的无情杀戮视为维持法律和秩序的必要手段。尽管他们的军事实力可能在对温泉关这样的战役的复述中被夸大了，但赞誉他们是令敌人闻风丧胆的勇士却并非言过其实。不过，这的确随之掩盖了斯巴达在社会其他方面业已取得的进步，比方说女性作用和治理结构。当然，这些不一定是他们开明人格的产物，因为人们认为妇女享有较高地位是出于实际需要，而非源于仁爱善行；公民仍然需要赢得参与民主的权力，而非生来就能坐享民主果实。但是，和其他城邦比较起来，这毕竟是斯巴达率先垂范之举，纵然它并不总能因此而获得赞扬。

21世纪的斯巴达

21ST-CENTURY SPARTA

如今希腊这座昏昏欲睡的小城，
曾经是勇武的列奥尼达家园

沿着主干道驱车驶入现代斯巴达，视野中一侧是蜿蜒起伏的灰色山脉，另一侧是芳香四溢的橄榄林。你永远也想象不到，这个其貌不扬的希腊小城曾经竟是令人敬畏的文明中心。

正如数千年前勇士和使节们走过的那样，你将跨过一座横架伯罗奔尼撒地区的母亲河埃夫罗塔斯河上的桥梁。坐落在它左岸的便是斯巴达（当地人昵称为“斯巴提”）。自古希腊衰落以来，这座城镇便无足轻重了。事实上，它甚至被罗马人、奥斯曼人和威尼斯人多次轮番入侵。1830 年，希腊脱离奥斯曼帝国独立。这个羽翼未丰的国家努力寻求自身定位，为此，便将逡巡的目光投向了古希腊曾经的辉煌。

斯巴达突然发现自己成了一个政府大项目的核心。1834 年，国王奥托一世宣布，将把“斯巴达”小城建成一座可容纳 10 万人的“内亚・斯巴提市”。许多精美的公共建筑和私人住宅都采用了新古典主义风格，将希腊雄心勃勃的愿景与古老岁月的荣光融为一体。如果你在斯巴达市中心漫步，你会看

△ 远远衬托着现代斯巴达的泰杰托斯山

到其中许多建筑至今仍在使用，上面装饰着希腊国旗蓝白相间的条纹。

斯巴达的大多数酒店、商店、餐馆和旅游设施都位于市中心，分列在列奥弗洛斯·利库古和君士坦丁·帕拉依奥罗葛大街形成的十字路口附近。如果你乘公共汽车来此，车站就在列奥弗洛斯·利库古大街的尽头。从这里，你可以乘坐长途汽车前往雅典、卡拉马塔、帕特拉斯、莫涅姆瓦西亚以及希腊大陆上其他奇妙的旅游目的地。

像大多数希腊城镇一样，斯巴达貌似粗糙写意，但魅力悠远无穷。置身于新古典主义公共建筑和20世纪公寓楼群之中，柑橘树在人行道两侧林立。不过，你可千万要抵挡住尝上一口的诱惑，因为它们的果实苦得令人难以置信，希腊人也只是用它们的果皮加糖熬上无数次，才最后制成凝乳食用。

在阳光明媚的日子里，今天的斯巴达市民也像世界上其他任何地方的人一样，尽享闲暇的时光。到了午餐时间，如果看到西装革履的商人坐在咖啡馆里边打电话边喝着冰咖啡（当地人称之为“frappe”），你大可

“享用完丰盛的希腊美食，
下榻一间殷勤好客的含早客栈，
伴着蝉鸣小夜曲进入梦乡，醒来后你就可以准备远足了”

不必感到惊讶。同时，市政广场是年轻人打卡之地，尤其是当华灯初上的时候，游客可以在此借机多学一点希腊语。准备好听他们大声聊天、用手机播放最新流行歌曲，当心，别和正在玩滑板的人撞个满怀。

倘若想沉浸在传统的氛围当中，那就可以溜进市内的一家小酒馆，或者更高档次的“大酒店”。不必梦里千寻，你能立刻就认出它们来，因为跟着鼻孔里的百里香、橄榄油和烤肉的味道前行，你一定不会错过。坐下享受一下这里的气氛吧，特别是如果有现场的希腊流行音乐之夜，那你就更是不虚此行。记住，一定要点一份卡拉马塔橄榄。它们可是世界闻名啊！但在这里只能算是当地的特产。

享用完丰盛的希腊美食，下榻一间殷勤好客的含早客栈，伴着蝉鸣小夜曲进入梦乡，醒来后你就可以准备远足了。如果你仿佛听到了古代斯巴达人的召唤，那就先去参观曾经令人敬畏的城邦遗迹。它们分布在城市周围，但主要的遗迹都在市中心北部的山上。

它们或许不像该地区的其他考古遗址，如埃皮达鲁斯或奥林匹亚那样雄伟壮观，但仍然妙趣横生。橄榄树林中有一座古老的卫城，里面坐落着一座神庙和一个保存完好的圆形剧场。1910 年，这些遗迹最早由英国考古学院发掘出来，但当时只进行了部分挖掘，直到 20 世纪 90 年代才完成全部发掘。沿着干燥嶙峋的山间小路，便会走近这些古老城邦的遗存。

遗址上最古老的建筑当属雅典娜青铜神庙，它可以追溯到公元前 6 世纪。它在当时是极不寻常之所。神庙内部饰有昂贵的铜片，故此得名。“Chalkioikos”一词在希腊语中就是“铜”的意思。神庙内矗立着一尊华美的雅典娜女神雕像，由斯巴达工匠打造，上面镌有“城市守护神雅典娜”的铭文。在不远处的斯巴达考古博物馆里，可以看到一些来自神庙的文物。

雅典娜青铜神庙曾经出现在修昔底德讲述的一个戏剧性故事中。因与波斯人同谋而遭到斯巴达人指责的国王保塞尼亚斯，在逃离时闯入了雅典娜青铜神庙，把自己关了进去。于是，愤怒的百姓决定把他饿死在里面。后来，众人把奄奄一息的他抬出神庙，他才一命呜呼。毕竟，让他死在神庙里会玷污了女神的圣洁。

圆形剧场是一座罗马建筑，就位于神庙下方，主要用于公共集会和庆祝活动，配有一个带轮子的木质舞台。这一奇思妙想在当时堪称现代创新，因为带轮子的舞台占用空间较小，能够因地制宜满足不同类型活动的需要。

与圆形剧场相邻的是一些店铺的残垣断壁。投机取巧的商人过去常常把他们的商品卖给在圆形剧场享受美好时光的人们。这些也是罗马建筑，由砖、砂浆和灰泥制成。

距古老卫城只有几百米之遥，是奥尔提亚的阿耳忒弥斯圣所。这处废墟的历史十分阴暗。作为这个地区最重要的宗教场所之一，它最初是一个崇拜女神奥尔提亚的异教团体所在地。就看你相信谁说的话了，据称在这里举行的祭祀仪式上，年轻人会遭到鞭笞，用他们淋漓的鲜血献给这个贪得无厌的前奥林匹亚时期的女神。

饱览完这些古老建筑的遗迹后，你一定会急着想了解它们里面原来都有什么。那就一起到斯巴达考古博物馆看看吧。返回城里，你只需花上2欧元买一张门票便可参观。这座漂亮的新古典主义建筑内有7个展厅。每个展厅里都有来自拉科尼亚各地的藏品，从新石器时代一直到罗马时期，令人目不暇接。其中有些东西格外吸引人的眼球，比如在斯巴达房屋中发现的残缺但仍然不失瑰丽的罗马马赛克地砖。还有一尊公元前5世纪的半身像，据说是列奥尼达国王，戴着一顶令人惊叹但也令人胆寒的头盔。

当然，据说如果不参观列奥尼达陵，那么就谈不上来过斯巴达。这座神秘的灰色建筑出土于19世纪晚期，其中一个石块上的铭文可追溯到公元前5世纪。据公元2世纪

△ 埃夫罗塔斯河在泰杰托斯山脚下切割出一个山谷，这里曾经是古代斯巴达人的生命线

攀登泰杰托斯山

泰杰托斯山海拔约2438米，是伯罗奔尼撒最高峰。在斯巴达时代，这座不祥的山峰是抵御侵略者的天然屏障，但它还有另外一个更可怕的作用。罪犯、精神病患者、残疾儿童和其他被认为“不适合”成为斯巴达社会成员的人，都被扔下一个名叫凯亚达斯的深渊。最近，雅典大学的考古挖掘证实发现了成人遗骸，但到目前为止，尚未发现不幸儿童的遗骨。

今天，泰杰托斯山与它的古老历史渐行渐远，树木繁茂的山峰已经成为颇受欢迎的徒步旅行目的地。选好路线，从山脚村庄走起，徒步挑战一下这条崎岖的山路。东坡可以看到溪流和森林，而西坡则危峰兀立，沟壑纵横。攀爬东坡的最佳时间是在雨后一天左右，这时，周围松树的醉人香气最为浓烈。

对于喜欢冒险的人来说，甚至可以考虑登临伯罗奔尼撒的普罗菲蒂斯伊利亚山巅，在那里可以饱览半岛的壮美全景。置身苍老的峰顶观赏太阳东升西落，将是你终生难忘的经历。

的地理学家保塞尼亚斯记载，列奥尼达在温泉关战役中阵亡后被安葬在此。虽然两个相连房间表明它实际上是一座香火鼎盛的阿波罗神庙，但当地人坚持认为这是他们引以为豪的勇士国王的最后安息之地。如果你还意犹未尽，那么可以去欣赏一下古老卫城旁骄傲地矗立着的列奥尼达雕像。

从列奥尼达时代直到今天，斯巴达基本上被遗弃了。取而代之的是，拜占庭居民上山来到几公里外的迈斯特拉斯定居。由于经济繁荣、气候宜人，迈斯特拉斯迅速发展起来，进而成为枢纽之地。从山顶上俯视下去，你能看到骄阳下突兀高耸的教堂、历史悠久的房屋、繁复华丽的修道院，甚至还有体现拜占庭建筑之美的宏伟宫殿。

在历史的时空中踯躅前行了这么久，你或许会渴求一些不同凡响的惊喜。幸运的是，你可以享受一种斯巴达地区最负盛名的东西——橄榄油。从古至今，希腊橄榄油以其青果的味道闻名于世，而希腊橄榄之王卡拉马塔橄榄就生长在离斯巴达不远的地方。所以，如果你想更多地了解这个地区最受欢迎的特产，那就去橄榄和橄榄油博物馆看看吧。这个布局精美的博物馆是斯巴达最吸引人的地方之一。在里面你能看到橄榄压榨机是如何工作的，甚至还可以亲自动手去操作一下。希腊经济（过去和现在）主要以橄榄油产业为支柱。看到这种不起眼的绿色水果居然成为这个国家身份的一个重要象征，不禁令人心驰神往。

尽管斯巴达可能不会列入大多数人希腊之旅的必去之地，但那里绝对称得上是一生必到之地。无论你想沉浸徜徉在古老文化之中，还是想透视感悟它的现代生活，这个典型的希腊城市都拥有许多东西让你如醉如痴，才离眼眸，却上心头。

图片所属

47 ©DK Images

74 ©Sandra Doyle/ The Art Agency

78 ©Thinkstock

119 ©Corbis, Edward Crooks

130 ©Hanay

131 ©Deror Avi, 2010

112 ©Corbis, Edward Crooks

署名文章

斯巴达的诞生 史蒂夫·莱特

斯巴达：勇士之邦 本·比格斯

斯巴达女人 凯瑟琳·马什

斯巴达的黑劳士 爱德华多·阿尔伯特

古斯巴达的艺术与建筑 凯瑟琳·马什

古代斯巴达体育 史蒂夫·莱特

伯罗奔尼撒战争 哈雷思·阿尔·布斯塔尼

伊巴密浓达：复仇斯巴达 默里·达姆

罗马征服希腊 詹姆斯·霍顿

斯巴达遗产史 蒂夫·莱特

21 世纪的斯巴达 艾丽丝·巴恩斯·布朗